国外食品药品法律法规编译丛书

U0746474

欧盟
草药科学指南

联合翻译　沈阳药科大学国际食品药品政策与法律研究中心
　　　　　辽宁省药品认证中心

中国健康传媒集团
中国医药科技出版社

图书在版编目（CIP）数据

欧盟草药科学指南 / 沈阳药科大学国际食品药品政策与法律研究中心，
辽宁省药品认证中心组织编写. — 北京：中国医药科技出版社，2018.9
（国外食品药品法律法规编译丛书）

ISBN 978-7-5214-0408-1

Ⅰ.①欧… Ⅱ.①沈… ②辽… Ⅲ.①欧洲联盟 - 药品管理法 - 指南 Ⅳ.
①D950.216-62

中国版本图书馆CIP数据核字（2016）第198437号

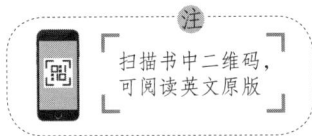

注

扫描书中二维码，
可阅读英文原版

美术编辑　陈君杞
版式设计　大隐设计

出版　**中国健康传媒集团** | 中国医药科技出版社
地址　北京市海淀区文慧园北路甲 22 号
邮编　100082
电话　发行：010-62227427　邮购：010-62236938
网址　www.cmstp.com
规格　710×1000mm $\frac{1}{16}$
印张　8 $\frac{3}{4}$
字数　86 千字
版次　2018 年 9 月第 1 版
印次　2018 年 9 月第 1 次印刷
印刷　三河市国英印务有限公司
经销　全国各地新华书店
书号　ISBN 978-7-5214-0408-1
定价　35.00 元

本书编委会

主　编　魏　晶　杨　悦　赵红菊

翻　译（按姓氏笔划排序）

马　辉　王　璐　赵双春　高永宝

校　对（按姓氏笔划排序）

杨祝仁　李　妮　金　晶　赵双春

赵红菊　鲍蕾蕾　熊佳美

序

食品药品安全问题，既是重大的政治问题，也是重大的民生问题；既是重大的经济问题，也是重大的社会问题。十八大以来，我国坚持以人民为中心的发展思想和"创新、协调、绿色、开放、共享"的五大发展理念，全力推进食品药品监管制度的改革与创新，其力度之大、范围之广、影响之深，前所未有。

党的十九大再次强调，全面依法治国是国家治理的一场深刻革命，是中国特色社会主义的本质要求和重要保障。法律是治国之重器，良法是善治之前提。全面加强食品药品安全监管工作，必须坚持立法先行，按照科学立法、民主立法的要求，加快构建理念现代、价值和谐、制度完备、机制健全的现代食品药品安全监管制度。当前，《药品管理法》的修订正在有序有力推进。完善我国食品药品安全管理制度，必须坚持问题导向、坚持改革创新、坚持立足国情、坚持国际视野，以更大的勇气和智慧，充分借鉴国际食品药品安全监管法制建设的有益经验。

坚持食品药品安全治理理念创新。理念是人们经过长期的理论思考和实践探索所形成的揭示事物运动规律、启示事物发展方向的哲学基础、根本原则、核心价值等的抽象概括。理念所回答的是"为何治理、为谁治理、怎样治理、靠谁治理"等基本命题，具有基础性、根本性、全局性、方向性。理念决定着事物的发展方向、发展道路、发展动力和发展局面。从国际上看，食品药品安全治理理念主要包括人本治理、风险治理、全程治理、社会治理、责任治理、效能治理、能动治理、专业治理、分类治理、平衡治理、持续治理、递进治理、灵活治理、国际治理、依法治理等基本要素。这些要素的独立与包容在一定程度上反映出不同国家、不同时代、不同阶段食品药品安全治理的普遍规律和特殊需求。完善我国食品药品安全管理法制制度，要坚持科学治理理念，体现时代性、把握规律性、富于创造性。

坚持食品药品安全治理体系创新。为保障和促进公众健康，国际社会普遍建立了科学、统一、权威、高效的食品药品安全监管体制。体制决定体系，体系支撑体制。新世纪以来，为全面提升药品安全治理能力，国际社会更加重视食品药品标准、审评、检验、检查、监测、评价等体系建设，着力强化其科学化、标准化、规范化建设。药品安全治理体系的协同推进和持续改进，强化了食品药品安全风险的全面防控和质量的全面提升。

坚持食品药品安全治理法制创新。新时代，法律不仅具有规范和保障的功能，而且还具有引领和助推的作用。随着全球化、信息化和社会化的发展，新原料、新技术、新工艺、新设备等不断涌现，食品药品开发模式、产业形态、产业链条、生命周期、运营方式等发生许多重大变化，与此相适应，一些新的食品药品安全治理制度应运而生，强化了食品药品安全风险全生命周期控制，提升了食品药品安全治理的能力和水平。

坚持食品药品安全治理机制创新。机制是推动事物有效运行的平台载体或者内在动力。通过激励与约束、褒奖和惩戒、动力和压力、自律和他律的利益杠杆，机制使"纸面上的法律"转化为"行动中的法律"，调动起了各利益相关者的积极性、主动性和创造性。机制的设计往往都有着特定的目标导引，在社会转型期具有较大的运行空间。各利益相关者的条件和期待不同，所依赖的具体机制也有所不同。当前，国际社会普遍建立的食品药品分类治理机制、全程追溯机制、绩效评价机制、信用奖惩机制、社会共治机制、责任追究机制等，推动了食品药品安全治理不断向纵深发展。

坚持食品药品安全治理方式创新。治理方式事关治理的质量、效率、形象、能力和水平。全球化、信息化、社会化已从根本上改变经济和安全格局，传统的国际食品药品安全治理方式正在进行重大调整。互联网、大数据、云计算等正在以前所未有的方式改变着传统的生产、生活方式，而更多的改变正在蓄势待发。信息之于现代治理，犹如货币之于经济，犹如血液之于生命。新时期，以互联网、大数据、云计算等代表的信息化手段正在强力推动食品药品安全治理从传统治理向现代治理方式快速转轨，并迸发出无限的生机与活力。

坚持食品药品安全治理战略创新。战略是有关食品药品安全治理的全局性、长期性、前瞻性和方向性的目标和策略。国家治理战略是以国家的力量组织和落实食品药品安全治理的目标、方针、重点、力量、步骤和措施。食品药品安全治理战略主要包括产业提升战略、科技创新战略、行业自律战略、社会共治战略、标准提高战略、方式创新战略、能力提升战略、国际合作战略等。食品药品管理法律制度应当通过一系列制度安排，强化这些治理战略的落地实施。

坚持食品药品安全治理文化创新。文化是治理的"灵魂"。文化具有传承性、渗透性、持久性等。从全球看，治理文化创新属于治理创新体系中是最为艰难、最具创造、最富智慧的创新。

食品药品安全治理文化创新体系庞大，其核心内容为治理使命、治理愿景、治理价值、治理战略等。使命是组织的核心价值、根本宗旨和行动指针，是组织生命意义的根本定位。使命应当具有独特性、专业性和价值性。今天，国际社会普遍将食品药品安全治理的是使命定位于保障和促进公众健康。从保障公众健康到保障和促进公众健康，这是一个重大的历史进步，进一步彰显着食品药品监管部门的积极、开放、负责、自信精神和情怀。

中国的问题，需要世界的眼光。在我国药品安全监管改革创新的重要历史时期，法制司会同中国健康传媒集团组织来自监管机构、高等院校、企业界的专家、学者、研究人员陆续翻译出版主要国家和地区的食品药品法律法规，该丛书具有系统性、专业性和实用性、及时性的特点，在丛书中，读者可从法条看到国际食品药品治理理念、体系、机制、方式、战略、文化等层面的国际经验，期望能为我国食品药品监管改革和立法提供有益的参考和借鉴。

焦 红

2017 年 12 月

目录

第一章 | 欧盟药品科学指南
——草药药品系列概述

欧洲的药品市场是欧盟重要的支柱性产业，约占世界医药市场的40%，在国际药品市场起着十分重要的作用。欧盟的药品管理比较系统和完善，深得国际制药业的认可。目前，不少发展中国家纷纷效仿欧盟药品的管理模式，取得了可喜成果。如中国自2011年开展实施《药品生产质量管理规范（2010年修订）》以来，其实施理念很大程度借鉴了欧盟已有成果，制药业人士已深切体会到欧盟药品管理在国际市场上的巨大影响。

欧盟药品监督管理局（European Medicines Agency）在其网站http：//www.emea.europa.eu/公布了很多法规和技术指南，通常被人们所熟知的是GMP指南。原国家食品药品监督管理总局食品药品审核查验中心（原药品认证中心）于2008年推出了《欧盟药品GMP指南》中英文对照资料汇编一书，这对渴望了解欧盟药品管理体系的各级药品监管部门的公务员，对药品生产企业质量生产管理人员、技术人员以及从事药品进口贸易人员、科研单位及院校人员学习借鉴欧盟药品管理体系，汲取国际先进管理理念提供了很好的素材。其先进的理念更是得到国内药品GMP检查员的认可，不少专家、学者开始运用欧盟药品理念来指导工作，促进我国制药业水平的提升。

当打开欧盟药品官方网站继续深入研究时，我们发现除了 GMP 指南以外，欧盟更加重视强调科学指南（scientific guidelines）。经过 2017 年初改版后的欧盟药品官网更是将草药药品（herbal product）直接列在人用药品规范（human regulatory）项下，由此可以看出欧盟目前对草药药品的重视程度。辽宁省药品认证中心于 2016 年开始着手研究欧盟草药药品科学指南相关内容，并发现不少指南内容对指导监管人员和企业管理人员，提升药品品质有着很好的帮助。因此，中心组织了一群对 GMP 充满热情的人员组成项目团队，利用闲暇时间确定了将 scientific guidelines 中的 quality 内容集中进行翻译，最终编纂了包括《欧盟药品科学指南—关于草药药品和传统草药药品微生物方面的思考》等共计 11 部指南。由于其科学指南的技术性较强，在翻译过程中难免会有一些错误之处，希望得到广大业内人士批评指正。

第二章 | **关于草药药品 / 传统草药药品质量方面的问与答**[1]

有效物质的声明

● 问题

从药材中得到的提取物的收率和提取溶剂应如何宣称？

回答

真实收率（DER genuine）和提取溶剂是针对提取物而言的。真实收率是指药材量与由此产生的真实提取物量的比值。

不管提取物是来自干燥药材还是新鲜药材，药材量简单讲就应是其实际使用量，即包含任何水分的药材。

---

1 Throughout the document and unless otherwise specified, the term 'herbal medicinal product' includes 'traditional herbal medicinal product'.

真实提取物量应是提取后得到的实际数量，即包含任何水分和其他溶剂，但是不包含提取后添加的任何辅料（处方及工艺原因而使用）量。由于药材本身的变化性，真实收率通常会是一个范围，例如 3.0~5.5∶1。对于液体酊剂来讲，由于其提取溶剂全部保留在最终的提取物中，真实收率将相当于药物提取收率。

同样的，对提取溶剂而言也应基于使用溶剂的浓度，不考虑包含在药材中的任何水分。

例如：提取溶剂是由 5000kg 的 94% 乙醇和 1000kg 的纯化水混合而成，那么在文件中应宣称溶剂的浓度应为 78% 乙醇。

更多的指导参见《用于草药药品／传统草药药品的药材和草药加工品的声明指南》

标准和检测

成品的标准

● 问题

对于已知治疗活性成分的有效物质含量在产品生产阶段和贮存期结束阶段设立怎样的限度是可接受的？

回答

在《草药药品质量指南》中阐述了对于含有已知治疗活性成分的药品，其含量在贮存期末的变化幅度应不能超过 ±5%。另外，根据

《药材、草药加工品及草药药品 / 传统草药药品的检验方法和可接受标准指南》中 2.5 段，只有在极特殊的情况下才选取不同的标准。这是由于《欧洲药典》允许含有已知治疗活性成分的草药加工品标准化，草药委员会同时也认为 ±5% 的含量范围适用于放行阶段。

然而，《药材、草药加工品及草药药品 / 传统草药药品的检验方法和可接受标准指南》同时也阐述从产品放行至贮存期考虑不同的接受标准适用于草药药品。如果有合理理由，这一概念在特殊情况下也适用于药材和草药加工品。比如也许包含含量和杂质（降解产物）水平。因此，如果有充分理由并经过了批准，那么也可以接受较宽的限度。虽然如此，由于变化的程度往往取决于使用的药材，因此，并没有一个通用的限度，而是需要根据具体情况设定相应的限度。因此，对于含有已知治疗活性成分的草药药品，建议申请人向监管当局询问当设置超过 ±5% 含量限度时应提供哪些数据来证明该含量限度是合理的。

检测

● 问题

关于用于分析的代表性样品如何取样和处理可参考哪个指南？

回答

可以参考《欧洲药典》2.8.20 "草药药品：取样和样品准备"。

● 问题

对于复方产品中活性物质的分析可以采用联合分析法吗？

回答

如果符合《草药质量指南》并有充足的理由时，联合分析法是可以被接受的。

例如：从白桦叶和爪哇茶中提取的一组黄酮类物质。另外，每一个有效物质的鉴定应通过色谱程序［例如薄层色谱 TLC）］分别显现。

- 问题

用同一提取溶剂同时对一些药材进行提取，那么针对该类混合提取物只使用一种代表性分析标记物进行稳定性测试是否可接受？

回答

原则上该类混合提取物应如同将每个提取物相混合一样满足同样的要求，并且在此混合物质中的每个提取成分应进行量化。混合提取物在特定生产条件下生产，其包含从不同的药材中提取出的特定成分。

分析方法应按照《复方草药药品／传统草药药品质量指南》中的规定进行选择。

- 问题

对于活性物质，选择一种替代《欧洲药典》的建议的标记物是否可行？

回答

也许是可行的，替代标记物的使用应建立在充分的数据评估基础上，可参考临床前数据和临床数据。

● 问题

产品的放行和稳定性检测可以用不同的分析标记物吗？

回答

原则上，生产企业应使用同一标记物用来放行和稳定性检测。在特殊情况下，当有充分的分析数据支持时，可以使用不同的标记物。

● 问题

在实际中有时很难找到合适的分析标记物用于定量目的。当次级代谢物无法得到时，草药初级代谢产物是否也可作为分析标记物用于稳定性检测？是否也可用于放行检测？

回答

EMA 的指南（EMA/HMPC/253629/20/07）给出了关于标记物的可能性和相关问题的概况。标记物（分析指标）应对特定的植物 / 草药加工品具有特征化，并同时具有一定稳定性。然而，这并不能总是实现，当标记物在一般使用条件下不稳定时，则不适用作为贮存期的分析工具。在某些情况下，由于浓度较低或者分离不佳，潜在的标记物无法通过通用的色谱方法进行检测。在许多情况下标记物质出现在结构相关多组分中，使得选择性的分离难以进行（例如鞣酸类、原花青素、皂苷等），通常认为标记物应属于次级植物代谢物例如黄酮类、皂苷类、萜烯、酚类等。然而，在特殊情况下，标记物也许会来自初级代谢物如碳水化合物、氨基酸／蛋白质、脂肪等，假如这些标记物可以用于测定特定的草药加工品在草药药品中的含量（如亚麻籽中的碳水化合物、锯棕榈中的脂肪酸）则这种方法即可以作为放行检测，也可用作稳定性检测。

● 问题

当非药典参考标准用于药材、草药加工品和草药药品／传统草药药品（维生素和矿物质除外）时，应考虑哪些问题？

回答

参考标准用于鉴别、杂质检测和含量测定时，它们对保证药材、草药加工品、草药药品／传统草药药品的质量一致性起到关键的作用。这些参考标准也许是药材的植物学样品，草药加工品的一个样品（例如提取物或酊）或者化学确定物质例如已知治疗活性成分，一个活性标记物或者一个分析标记物等。

在《欧洲药典》关于药材和草药加工品专著中，药典中的质量标准的描述有其专用目的并且只是证明是适合使用的。当有药典标准时，它们应作为主要标准使用。在一些情况下，当某些药材或草药加工品无药典标准时，应建立非药典标准。它们的建立应遵循药典 5.12 章节中的参考标准。

参考标准应具有一定的专属性，它们应达到符合预定用途的质量标准并作为生产中规范不可分割的一部分。

● 问题

在《欧洲药典》中一些关于药材的专著并未包含含量检测。那么对于企业是否需要开发药材以及从药材中得到的草药加工品的含量检测？

回答

如果药材专著包含在药典中或在其他正式药典参考文件 Directives 2001/83/EC or 2001/82/EC 修订附录Ⅰ中，那么药材的质量应根据其专著进行检验。

即便专著未包含含量检测内容，按照药典标准检测已足够，企业无需开发含量检测方法。

如果在药典中无相关药材专著，除非有其他情况，否则企业需要开发全面的检测标准包括鉴别、杂质和适当的含量检测。

来源于药材的草药加工品质量标准中应包含适当的含量检测。在特殊情况下，可用其他检测（如酸值、溶胀系数）替代含量检测。

● 问题

《欧洲药典》中一些草药加工品专著未包含含量检测，企业是否需要针对这类加工品和成品开发含量检测？

回答

当草药加工品专著中未包含含量测定（如肉桂、没药、龙胆等）项目时，企业无需开发特定的检测方法。然而，因为按照规定成品中活性物质需要定量，所以通常需要计算草药药品中的活性物质含量。要根据不同的草药加工品来选择用于含量测定的成分。参见 Guidance on the selection of markers \s given \n the *Reflection paper on markers used for quantitative and qualitative analysis of herbal medicinal products and traditional herbal medicinal products*（EMEA/HMPC/253629/2007）（同样见上述问题 6 中"检测"）

在特殊情况下用其他测试方法（例如酸值和溶胀系数）替代含量测试也是可以接受的。

● 问题

草药加工品必须检测"苯"（一类溶剂）吗？

回答

在草药加工品生产中的一些用于提取、纯化的溶剂也许会包含杂质苯。因此，加工品中可能潜在的苯残留和使用的溶剂需要加以强调并采取适当的控制措施，除非有其他证明[2]。

---

[2] 参见 Annexes to CPMP/ICH/283/95 Impurities Guideline for residual solvents (CPMP/QWP/450/03 -Rev.1): Annex 1 (B) B class 1 solvents present as an impurity.

苯也许会在以下溶剂中成为杂质：丙酮、乙醇、甲醇、异丙醇、甲苯、二甲苯、己烷、环己烷、石油醚。

通常在加工品生产中用到的溶剂是乙醇和水或者其混合物，化学制造乙醇可能包含苯杂质，然而从发酵中得来的乙醇通常不包含苯。因此，需要在加工品生产过程中考虑对乙醇建立适当的标准和检测频次来控制苯含量。

《欧洲药典》规定乙醇、甲醇和丙酮中的苯含量应不超过 2ppm，同样也是 ICH 限度标准。那些未包含在药典中的用于加工品提取溶剂，其苯含量最好也不超过 ICH 限度标准（2ppm）。当超过 ICH 限度标准的溶剂使用时，应对潜在的苯残留加以确认并量化。

当加工品为液体提取物或者酊剂，其按药典使用乙醇 / 水进行简单的无浓缩加工方法，起始提取溶剂苯残留将不会超过 ICH 限度标准时，无需进一步对苯残留采取控制措施。

当液体或酊剂加工品包含较复杂的工艺和浓缩步骤时，潜在苯残留超过了 ICH 限度标准（2ppm），则需要加以强调并需采取适当控制措施。

对于半固体型加工品（软膏和油性树脂），其提取溶剂和（或）其他溶剂在纯化和生产时也许会部分去除。在这些情况下潜在的苯残留需要加以强调，也需要采取适当的控制措施。限度不应超过 2ppm。

对于干浸膏来说，干燥过程会降低苯含量。然而，生产过程中使用的所有溶剂和苯（bp 80.1℃）的相对挥发度需要加以考虑。

对于干浸膏中苯的水平需要加以强调，并且需要时采取适当的控制措施。限度不应超过 2ppm。

污染物

霉菌毒素

● 问题

关于控制药材霉菌毒素 / 黄曲霉素方面有相关指南吗？通常是参考《联邦法律公报》第一部分（no33，25.7.2000）中的黄曲霉素禁止条例内容，即黄曲霉素 B_1 限度 2ppb，黄曲霉素 B_1，B_2，G_1 + G_2 总和限度 4ppb。

回答

《欧洲药典》包含药材中黄曲霉素 B_1 的鉴定方法并建立了限度标准，限度为 $2\mu g/kg$（通则 2.8.18,04/2007）。除非另有规定，这一限度标准已成为通用的强制性标准。对南非钩麻、生姜和番泻叶中的黄曲霉素 B_1 分析方法进行了验证。对其他草药药品应显示其适用性。

《欧洲药典》通则 2.8.18,04/2007 进一步阐述监管当局仍需要企业满足黄曲霉素（B_1，B_2，G_1 及 G_2）总和限度为 4ppb。

标准阐述在"黄曲霉素禁止条例,《联邦法律公报》第一部分 no33，25.7.2000"，其也代表了德国的相关要求。

● 问题

在什么情况下，要求进行霉菌毒素的常规测试，在何种情况下可以降低检测频率或者不检测？

回答

并非所有的药材都需要对霉菌毒素进行常规检测，因为只有一部分药材会有被污染的风险。应根据植物和其使用部位开展适当的风险评估。当药材 / 植物部位如种子、果实、根、茎等处于风险时应考虑开展常规的霉菌毒素检测。如果有文献证明，植物中霉菌毒素形成有相关的数据，或者已明确药材可能的污染物，那么可减少检测频次。另外，因为黄曲霉素和赭曲霉素 A 在乙醇中可溶，因此也应考虑对加工品进行检测。

对于不存在特别风险的植物 / 植物部位，通常进行监控即可，如果有合理理由，可以减少检测频次（或者忽略检测）。适当的收获 / 采集、干燥和储存程序可以降低被霉菌毒素污染的风险。例如，物料收获后马上进行均匀的干燥措施，当干燥失重 <12% 甚至 < 10% 可降低污染风险。水分活性的降低将会帮助抑制污染。在有关文献[3, 4]中记载了不同革兰菌、细菌孢子、真菌和霉菌等对于水分活性的要求。通常认为当产品中水分活性低于 0.60 时霉菌和真菌是不会繁殖生长的。

---

[3] See Annexes to CPMP/ICH/283/95 Impurities Guideline for residual solvents (CPMP/QWP/450/03 —Rev.1): Annex 1 (B) B class 1 solvents present as an impurity.
[4] USP, chapter Microbiological attributes of non sterile pharmaceutical products—Application of water activity determination. US Pharmacopoeia Convention, Inc. 31th edition, 2007.

微生物质量

- 问题

《欧洲药典》中关于草药药品中微生物质量的限度推荐规范是指成品和提取物。那么对于药材和其他草药加工品的微生物限度应如何考虑？

回答

通则5.1.4"非无菌药品制剂和药用物质微生物质量"以及5.1.8"口服草药药品及其提取物微生物质量"中除了提取物，未包含药材或加工品的微生物限度。

建议企业根据特定的药材和后续加工过程建立可接受标准。建立限度时应考虑到降低药材微生物水平（例如地理位置、适当的收获/采集和干燥程序、水蒸气处理）、草药加工品的处理过程和（或）草药药品（沸水）处理等种种方面。

- 问题

在什么情况下，需要开展微生物质量的常规检测，在何种情况下可以减少检测频次，何种情况下无需检测？

回答

药材：必要时需要对总需氧菌数、总酵母菌真菌数和不能检出菌进行规定。当考虑药材可能具有的其他致病菌时应将药材的来源、收获 / 收集和处理考虑在内。企业需要对可接受标准进行充分的证明。通常情况下，需要进行常规测试。

草药加工品：鉴于用于生产的药材分析结果和生产过程，应对加工品开展微生物质量检测。企业需要对可接受标准和检测频次进行合理的证明，例如基于生产工艺的验证和待包装品持续时间的验证。

草药药品（HMP）：需要对总需氧菌数、总酵母菌真菌数和不能检出菌进行规定。可接受限度应符合《欧洲药典》规定。检测频次需要进行充分的证明。

举例来说，对口服固体剂型（片剂），进行常规检测是可取的，除非其中成分在生产前已经过检测并且生产过程通过验证结果表明不会有显著的微生物污染。如果测试执行在活性物质水平并且在生产中已采取所有措施来避免污染，那么可以进行周期性的检测。取样的频率和检测时间点应通过数据和经验进行合理的证明。当有充分的合理证明时，也可省略口服固体剂型的微生物限度检测。

对于口服液体，应进行常规检测，除非其中成分在生产前已经过检测并且生产过程通过验证结果表明不会有显著的微生物污染，那么周期性检测也许是可以的。当有适当的证明，用于口服液生产用药粉可省略微生物限度检测。

检测的频次应遵守 ICH Q6A 的内容（CPMP/ICH/367/96）。

● 问题

草药药品稳定性考察时，怎样设置微生物限度的检测频次是合适的？

回答

关于检测频次在指南《现有活性物质和其成品稳定性检测》（CPMP/QWP/122/02，rev 1 corr）中进行了陈述。成品的微生物质量应遵守《欧洲药典》相关规定，减少检测的设计，如矩阵法或括号法，均可以使用以减少检测频次。如果有充分的证明，则可以进行最低的要求频次，即于稳定性初始阶段（批放行）和稳定性考察结束阶段（加速/中间/长期）进行微生物限度检测。

● 问题

可以在加速/中间条件下的成品稳定性考察中省略微生物限度检测吗?

回答

不可以。一些微生物的适宜生长温度，尤其是人体致病菌，在30~40℃范围内。尤其同时有相对高湿度（如75%）时更适宜一些微生物生长。因此，在这些考察中微生物质量的检测是很关键的。

● 问题

可以用水分活性（AW）测试来替代微生物质量检测吗?

回答

进入到欧洲市场上的产品必须要满足《欧洲药典》规定。因此，至少在批放行阶段和稳定性考察结束阶段应满足《欧洲药典》关于微生物质量检测的相关规定。对于水分活性的检测可以提供额外的信息，但它不能替代微生物检测。

• 问题

有没有关于提取用乙醇浓度方面的数据，这些数据是否可作为加工品无需进行微生物限度检测的临界值？

回答

关于提取用乙醇浓度和接触时间对微生物效应方面的数据是可以获得的。当浓度在 60%~95% V/V[5-7] 时是可以杀菌的。最优浓度通常认为是 70% V/V。但乙醇对细菌孢子无效并且对有机物质的穿透力较差。减少或省略加工品微生物检测频次需要充分的证明。

熏蒸剂

• 问题

气溶胶可以作为药材的熏蒸剂吗？

---

[5] Rowe et al. Handbook of Pharmaceutical Excipients, 5th edition. American Pharmacists Association and Pharmaceutical Press, London and Chicago, 2006, pp18-20.

[6] Hugo and Russell. Pharmaceutical Biology, 6th edition. Blackwell Science, Oxford, UK. 1998, pp. 208-215.

[7] Wallhauser. Praxis der Sterilisation - Desinfektion-Betriebshygiene . Auflage 5. Thieme, Stuttgart. 1995, pp. 469-473.

回答

根据联合国粮食与农业组织（FAO）和其他监管部门的定义，气溶胶不应作为熏蒸剂，因为气溶胶粒子只会沉积在药材外表面而无法有效充分穿透物料内部。熏蒸剂应是化学物质，这些化学物质在规定的温度和压力下，能够以足够浓度的气态形式来杀灭已知的虫害生物体。只有气态才能够穿透物料内部并且扩散到所有内外表面和小空隙中。

● 问题

当熏蒸剂供应商无法提供实际使用的熏蒸剂成分时企业应怎样对潜在的熏蒸剂残留进行强调？

回答

当无法向供应商索取到熏蒸剂相关信息时应对药材使用的熏蒸剂进行检测。检疫部门或进出口部门会对熏蒸商品有所要求。

生产

● 问题

GMP 条款同样也适用于传统草药药品中的活性物质生产吗？

回答

根据 Article 16g，Articles 40 to 52 以此类推同样适用于传统草药药品，这包含了 Article 46（f）of Directive 2001/83/EC，其阐述了生产企业生产草药药品必须要满足 GMP 相关要求，其所使用的活性物质也是在 GMP 条件下生产出来的。相关指南于《草药药品生产指南》中（详见 Volume 4：EU Guidelines to Good Manufacturing Practice Medicinal Products for Human and Veterinary Use；Annex 7）。

● 问题

在有关文件档案中必须要有药材产地的详细信息吗？

回答

是的。然而，如果产地的详细信息并不充分，那么杀虫剂的潜在残留和其他污染物必须要进行充分的强调，必要时要有适当的筛查技术。可参考 Annex 7 of the EU GMP Guide

水质

● 问题

用于提取用和成品生产用水的质量（饮用水与纯化水）有哪些参考指南？

回答

提取物：对于提取用水应满足《欧洲药典》中"提取用水"专著中的要求。当使用饮用水时，企业应提供水质的信息，并对可能造成的提取物中矿物质含量的潜在波动影响进行讨论分析。

成品：应使用纯化水。

稳定性

● 问题

药品的生产包含了活性物质和最终成品这些关联性的生产。例如：活性物质是粉末状药材装入硬胶囊中。粉化时间和最终成品生产时间之间的间隔最多为3个月。对于活性物质和最终成品均需要进行稳定性检测吗？

回答

对于如上所述的关联生产情况，稳定性考察只需对最终草药成品进行即可。

● 问题

草药茶包含包装于多剂量袋的切割药材，那么是否均需要对活性物质和成品开展广泛的稳定性检测？

回答

如果使用的是相适应的包材，且每种活性物质在成品的整个贮存期内经过了适当的含量检测，那么对活性物质的稳定性检测不是必需的。

或者，在特殊情况下，假如对构成最终成品的每种活性物质进行了稳定性检测，且这些活性物质不会发生相互作用，那么每个活性物质稳定性检测的数据可以替代最终成品的稳定性检测。

● 问题

如果一个分析标记物（例如车前草中的毛蕊花糖苷作为分析标记物）在药材（药典专著）和固体剂型中稳定，而在一些液体剂型中不稳定，该如何开展稳定性检测？

回答

药典中提及的分析标记物可以根据不同的剂型所选择的分析标记物替换。

● 问题

以下储存期标准限度可以接受吗？

标准提取物：申报含量值的 ±10%。

定量提取物：初始含量值的 ±10%；如果合理证明，可以有较宽的范围。

其他提取物：初始含量值的 ±10%；如果合理证明，可以有较宽的范围。

回答

对于标准提取物见问题 1。

对于含已知治疗活性成分的药材或提取物做成的草药药品，其在贮存期内的含量变动应不超过申报含量的 ±5%。对于含未知治疗活性成分的药材或提取物做成的草药药品（定量提取物和其他提取物），当有合理理由证明其在贮存期内的含量变动为初始含量的 ±10% 是可以接受的［可参见 Guideline on quality of herbal medicinal products/traditional herbal medicinal products'（CPMP/QWP/2819/00，EMEA/CVMP/814/00，Rev.1）］。

在某些情况下较宽的限度是允许的，但是通常范围不应进行扩展。当根据分析结果进行合理评估，那么 ±10% 是可以接受的。当有足够的证明更宽的限度范围可以被接受。同一活性物质或同一草药药品中的不同分析标记物采用不同限度范围可以被接受。

复方草药药品应遵循同样的原则。

● 问题

对于草药药品如草药茶，当其含有原粉时，而这些原粉已知治疗活性成分未知时，那么药材中药典专著分析标记物的最低含量是否可以被接受用来作为成品贮存期结束阶段的稳定性标准?

回答

不可以，因为贮存期结束阶段的标准与初始指标相关联。

然而，在特殊情况下（例如含有挥发油的草药茶或原粉），我们已经知道这些挥发油含量降低 20% 或更多，那么只要贮存期结束时的确定值符合《欧洲药典》专著要求是可以接受的。批放行含量的计算应基于稳定性数据并且应高于《欧洲药典》专著中最低含量的要求。

- 问题

如果一个或多个活性物质无法在成品中检测到那么应如何要求稳定性数据？

回答

稳定性检测的概念应遵循《草药相关指南》(EMEA/HMPC/CHMP/CVMP/214869/06)。在成品可检测到的每一种活性物质均需要进行监控。

- 问题

根据上市注册申报阶段进行的一批中试规模成品稳定性检测和只有一批批准后的产品考察数据是否充分？

回答

不可以。应遵循指南中的要求。

- 问题

在《药材 / 草药加工品 / 草药药品检测程序和接受标准》指南（ CPMP/QWP/2820/00 Rev.2 ）中阐述了需要对草药药品中毒理学

相关杂质/降解物质进行强调。在何种情况下降解物质需要在成品中加以分析和限制?

回答

应根据具体情况进行分析,应建立在对特定药材成分毒理评估基础上。

● 问题

当活性物质也包含在药典专著中时,是否可以借鉴相应的加工品的稳定性数据来作为参考?(注:理解这句话是否可以借鉴加工品的稳定性检测数据,无需进行相应活性物质的稳定性检测)

回答

由于大部分关于草药加工品《欧洲药典》专著涵盖了不同的提取溶剂和 DERs,另外,辅料和包装材料不是专著中的部分内容,需要针对每种活性物质建立稳定性数据。在极特殊情况下,假如提供合理理由,也可以将加工品的稳定性数据作为借鉴参考。

● 问题

那些非较高温度储存的活性物质(草药加工品)需要做加速试验(40℃,75% RH)和中间试验(30℃,65% RH)吗?

回答

加速试验和中间试验是整个控制策略的一部分。对于草药加工品中的一些特殊情况制定在了《现有活性物质和其成品稳定性检测》指南（CPMP/QWP/122/02，Rev. 1）中，可以参考使用。

● 问题

从以前的实验室批稳定性考察中明显得出成品在加速 / 中间试验条件下是不稳定的，那么是否需要再在这些条件下进行考察？

回答

如果企业进行了充分证明并且储存条件（如低于 25℃）在标签显著位置有所体现，那么草药药品 / 草药加工品［根据《现有活性物质和其成品稳定性检测》指南（CPMP/QWP/122/02，rev 1 corr）］在加速和（或）中间储存条件阶段的检测可以省略。对于草药成品，由之前的稳定性考察可以获知成品在加速和中间条件下并不稳定，那么可以不再进行后续在此条件下的稳定性考察工作。

● 问题

用于成品的稳定性测试，一种类型的指纹图谱是否足够？

回答

大多数情况下是的。如果已知有一组以上的成分对活性物质的活性起作用，则指纹应包含所有组。

● 问题

草药活性物质的稳定性可以超标吗？

回答

一般情况下，当整体药材和加工品被认为是活性物质时，稳定性超标不可接受。然而，对于标准提取物，如果有充分的理由，稳定性超标也许会被接受。

● 问题

在哪个时间段范围开始药材／草药加工品／草药药品的稳定性考察？

回答

通常，最多到生产结束后3个月内开始进行稳定性考察。然而，当生产后头3个月有较大范围的降解，那么生产后3个月开始稳定性考察不能被接受。

● 问题

从加速和中间储存条件下得到的数据，可以被用来评估短时间超过标签规定储存温度运输条件下的影响吗？

回答

是的，基于对特定产品的风险分析是可行的。

● 问题

容器的密封性是成品稳定性中的一个标准吗？

回答

密封性试验通常在中间过程进行控制，并随机抽取样品。理论上讲，密封性在稳定性测试过程中可能会发生改变，尤其是在较高温度／湿度条件下，可能会造成较高的水分吸收。只要水分吸收在规定的标准范围内，容器密封性通常不需要进行。假如水分超标，那么应对密封性进行调查。

作为活性物质的挥发油

● 问题

许多挥发油是由农民或者小企业制造的。在一些国家挥发油并不界定为"活性药用物质"，在其他国家无法保证其初始生产过程处于 GMP 控制状态。那么其生产过程遵循当地规范但并不满足 GACP 和欧盟标准是否可接受？

回答

不可以，在条例 2011/62/EU 和 GMP 附录 7 草药药品指南中阐述了所有的活性物质必须在欧盟规范条件下生产。然而，当后续生产满足 GMP 情况下，其早期处理过程可遵循 GACP 原则。经合理评估（风险评估）可接受相似的标准。当活性物质在非欧盟国家生产时，需要有满足欧盟条例（2011/62/EU）的书面证明。

● 问题

植物学教育背景较少的员工进行野生植物的采集和加工处理是否可以接受，GACP 中的条款是否适用在较大的生产场合实施？

回答

GACP 条款适用于野生植物的采集和加工处理。采集人员应经过培训并且需要较高植物学背景的当地监督人员管理。

● 问题

在许多情况下从新鲜植物中精炼出的油在产地进行加工。这其中使用的水可能来源于井水或直接使用当地河水。这意味着水并未开展常规质量检测，缺乏对饮用水的国家规范要求。那么用于蒸汽蒸馏的水需要怎样的质量标准？

回答

原则上讲，水的质量应符合《欧洲药典》"提取用水"的相关要求。对于水蒸气的适当控制（主要接触药用植物）是需要的，其标准限度可以参照饮用水质量标准和经过风险评估的历史数据等。检测也应包含代表潜在污染风险（由于以前农业或其他方面的使用）

的相关参数。检测的频次应建立在 GMP 指导原则基础上。相关的标准应经过监管当局批准。

● 问题

是否允许将亚批次挥发油进行混合使用，这些亚批次不符合《欧洲药典》相关的色谱分析。

回答

亚批次挥发油也许会进行混合或进一步加工处理以使它们符合药典中的相关标准。在一些情况下，药典限度是基于混合和（或）加工处理的挥发油，因此有时需要延伸到对原始挥发油批次进行限度控制。在这些情况下，需要基于充分的批数据来评估适当固定限度的合理性，用于蒸馏的植物物料需要进行足够的控制。这些限度应经过监管当局批准。

第三章 | 草药药品/传统草药药品质量指南

状态	时间
草药药品委员会讨论	2005 年 1~7 月
草案经质量工作团体同意	2005 年 6 月
经人用药委员会采纳并发布征求意见	2005 年 7 月 27 日
经兽药委员会采纳并发布征求意见	2005 年 7 月 13 日
征求意见结束（讨论截止）	2005 年 9 月 30 日
在草药委员会讨论	2005 年 11 月 ~2006 年 1 月
经草药委员会采纳	2006 年 1 月 22 日
经质量工作组同意	2006 年 2 月
经人用药委员会采纳	2006 年 3 月 23 日
经兽药委员会采纳	2006 年 3 月 16 日
生效日期	2006 年 10 月 1 日
经草药委员会质量起草组修订	2011 年 2 月，2011 年 4 月
草药委员会采纳	2011 年 3 月 31 日
人用药委员会采纳	2011 年 9 月 12 日
兽药委员会采纳	2011 年 9 月 14 日

1. 介绍

本指导原则根据 2001/83/EC 人用草药药品附录 1 的第三个模块及
2001/82/EC 兽用草药药品附录 1 第二部分修订。本原则描述了人
用草药药品的特殊问题及草药药品与活性成分为化药的药品间的
差异。应结合《药材、草药加工品和草药药品 / 传统草药药品的：
测试程序和验收标准》（ EMEA / CPMP / QWP / 2820/00 和 EMEA /
CVMP / 815/00 修改后的）进行阅读。

指南 2004/24/EC 描述了人用传统草药药品的简要注册程序。医药
产品的质量独立于产品应用，因此医药产品质量的一般原则也适
用于传统人用草药药品。传统人用草药药品可能添加了维生素或
矿物质，对于该类产品，本指南介绍了草药产品与维生素或矿物
质的复方制剂的特殊方面。另外，每种维生素和矿物质的质量、
说明书和文件必须遵循相应的法规和原则。

提交的申请应当按照欧盟《传统草药药品申报 CTD 格式指导原
则》（EMEA/HMPC/71049/2007）中规定的格式。

2. 范围

本指导原则包含人用及兽用草药药品的质量管理，包含传统人用草药
药品，含有单一化学组分或者混合化学组分的产品不属于传统草药。

本指导原则应当结合欧盟《药品生产质量管理规范（GMP）》第
四卷中附录 7 草药药品生产的要求，GMP 规范也应当遵守。

只有采用精确、详细的方式确定起始物料，才能保证草药产品源

头的质量一致性，尤其是使用特殊的植物鉴定方法确定起始植物原料的。确认何种地理位置和条件下能获得药材的有效成分对保证原料的质量均一性也非常重要。同时也应当遵循《草药种植和采收管理规范》（EMEA/HMPWP/31/99）的相关规定。

3. 草药药品活性成分的定性和定量表示方法

所有草药和草药加工品取决于生产工艺和质量标准。

标准化药材及草药加工品：分别通过加入辅料或者药材或草药加工品的混批，将药材或草药加工品中的有效成分调整到一个确定的量。

定量化药材/草药加工品：只通过将不同批次药材/草药加工品混批，将药材/草药加工品中活性指标成分调整到一个确定的范围。

其他药材/草药加工品：药材/草药加工品中有效成分或者活性指标成分都未知，也不需将用于分析的指标性成分调整到确定的量。

草药生产过程中如果使用辅料（例如技术原因或者是为了使草药/草药制剂符合标准），必须描述辅料的名称和质量。

（1）药材和以药材粉末入药的草药加工品

药材及以药材粉末入药的草药加工品，必须说明粉碎程度。此外，以下方面也需要说明。

①关于标准化：通过确定已知活性指标成分含量在一定范围内对药材/草药加工品进行定量。

②关于定量化：通过确定特定内容物的含量在限定范围内对药材 / 草药加工品进行定量。

③其他药材或草药加工品：应确定草药和原始草药加工品在限定范围内。

例子

活性物质名称	定量
番泻叶	415~500mg，相当于 12.5mg 番泻叶提取物，以番泻叶苷 B 计算
柳皮	4g，相当于 40~48mg 的总酚苷，以水杨苷计算
缬草	900mg

（2）对于经过提取分离等多步加工的草药加工品

对于经过提取分离等多步加工的草药加工品，应该说明溶剂的性质和浓度、提取物的物理状态，此外，以下几方面需要详细说明。

①标准化提取物：提取物相当于原药材的量 x–y（＊）或药材相对于原始提取物的提取率（a–b）：1（＊），以及原始提取物的量，应调整到一个确定的范围。

②定量化提取物：提取物相当于原药材的量 x–y（＊）或药材相对于原始提取物的提取率（a–b）：1（＊），以及原始提取物的量，应有不同的范围。此外，定量物质的含量也应明确。

③其他提取物：提取物相当于原药材的量 x–y（＊）或，药材相

对于原始提取物的提取率（*a–b*）：1（*），以及原始提取物的量，应有不同的范围。

应描述任一种提取溶剂或混合溶剂的成分、提取物的物理状态。如果在生产工艺中加入其他物质来调整提取物中有效成分的量，或者不论出于何种原因，应详细说明添加的这种物质，称其为"其他物质"，原始提取物称为"活性物质"。

然而，混合不同批次的同一提取物，调整提取物中有效成分的量在规定范围内，或者由于其他原因，但最终混合物应该被视作原始提取物，并在处方中作为活性物质来标明。但文件中应提供生产和控制的全部细节。

例子

（1）活性物质	定量
名称	50~65mg，相当于 12.5mg 番泻
番泻叶	叶提取物，以番泻叶苷 B 计算
烘干后的 60% 乙醇提取物（*V/V*）（*a–b*）：1	
或者	
活性物质	定量
名称	50~65mg，相当于 12.5mg 番泻
番泻叶	叶提取物，以番泻叶苷 B 计算
烘干后的 60% 乙醇提取物（*V/V*）	
相当于 *x–y* mg 番泻叶	
（2）活性物质	定量
名称	60mg，相当于 13.2~16.2mg 的
银杏叶	黄酮苷 1.68~2.04mg，银杏内酯
烘干后的 60% 乙醇提取物（*V/V*）（*a–b*）：1	A、B 及 C 和 1.56~1.92mg 的白
或者	果内酯
活性物质	定量
名称	60mg，相当于 13.2~16.2mg 的
银杏叶	黄酮苷，1.68~2.04mg 的银杏内
烘干后的 60% 乙醇提取物（*V/V*）	酯 A、B 及 C 和 1.56~1.92mg 的
相当于 *x–y* mg 的银杏叶	白果内酯

续表

（3）活性物质	定量
名称	
缬草	125 mg
烘干后的 60% 乙醇提取物（*V/V*）	
（*a–b*）:1	
或者	
名称	定量
缬草	125 mg
烘干后的 60% 乙醇提取物（*V/V*）	
相当于 *x–y* mg 的缬草	

4. 对草药药品生产工艺的说明

本节所指的草药药品的生产工艺是从药材 / 草药加工品变成草药药品的过程。传统草药药品的生产工艺是从药材 / 草药加工品、维生素和（或）矿物质变成草药药品的过程。

应该描述工艺过程的具体控制参数。本部分应符合《制剂生产的过程指南》（CPMP/QWP/486/95），《指南：制剂生产过程》（EMEA/CVMP/126/95）。如果草药加工品是起始原料，草药加工品的生产过程不在本章节，应该在起始物料控制这一章节。

药剂学研制及工艺验证的相关信息应该符合《药剂学研制指南》（EMEA/CMP/QWP/155/96），《药剂学研制指南》（EMEA/CHMP/167068/2004），《兽用药剂学研制指南》（EMEA/CVMP/315/98），《工艺验证指南》（EMEA/CPMP/QWP/848/96 and EMEA/CVMP/598/99）。

5. 起始原料的质量控制

（1）药材和草药加工品的控制

本部分应当符合《质量标准指南：药材、草药加工品及草药药品 / 传统草药药品的检验方法和可接受标准》（EMEA/CPMP/QWP/2820/00 和 EMEA/CVMP/815/00 修订版）。

①药材的控制：每种药材应当有详细的质量标准，如果申请者不是药材生产者，这部分内容也应当提供。如果起始物料为草药加工品，例如草药药品的活性成分为脂肪或挥发油，如果未进行充分的评估，就需要提交详细的药材质量标准。需要阐述药材的双名法命名（属、种、变种、命名人），化学类型（在何处适用）以及药材部位。

如果药材是《欧洲药典》或者欧盟成员国药典收载品种，则应执行药典中相应的质量标准。如果药材未列入《欧洲药典》或者欧盟成员国药典，则应按照《欧洲药典》药材专论的方式制定该药材的质量标准。还应尽量提供药材采集地、采收时间、所处生产阶段、农药施用情况、干燥及储藏状况等资料。质量标准应基于近期科学研究的数据。含量测定方面，如果药材含有有效成分，则应对该成分进行含量测定，并制定含量范围，以保证药品质量的一致性。如果药材所含有有效成分不明，则应该为测定指标成分，并说明选择该指标成分的理由。

一般来讲，应对药材中重金属、微生物、真菌毒素（黄曲霉毒素、赭曲霉毒素 A）、农药残留、熏蒸剂残留、添加剂等有害物质进行检测。禁止使用环氧乙烷对药材进行灭菌。如果有必要，应进行放射性污染测试。分析方法、说明以及限度范围应参考《欧洲药典》。药典中未给出的应参考 ICH 关于验证分析程序的指导说明：文本和方法（CPMP / ICH / 381/95）或相应的 VICH 指南（CVMP / VICH / 590 / 98 和 CVMP / VICH / 591/98），除非另有说明。

对照药材应适用于对照实验，例如微生物限度、显微观察、色谱试验等。

②草药加工品的控制：如果草药药品中含有草药加工品，则除了提交药材质量标准外，还应该提供由药材制备的草药加工品的生产过程说明和工艺验证。如果申请者不是草药加工品的生产者，这部分内容也需要提供，可以作为上市申请的一部分，也可以作为欧盟原料药主文件档案的一部分提交。如果作为后一种情况，应当按照《原料药主文件档案填写指南》（EMEA/CPMP/QWP/227/02 和 EMEA/CVMP/134/02 修订版）进行。

如果该草药加工品是《欧洲药典》的收载品种，还可采用欧洲药品质量管理局制定的《欧洲药典》适应性认证（CEP）途径来表明该加工品符合《欧洲药典》专论的要求。

草药加工品应当有详细的质量标准。质量标准应基于近期科学研究的数据，运用合适的色谱方法，包含其特性、鉴别试验及纯度检测。如有必要，药材中重金属、微生物、真菌毒素（黄曲霉毒素、赭曲霉素 A）、农药残留、熏蒸剂残留、添加剂等有害物质也应被检测。如有必要，应当对辐照残留量进行检测。含量测定方面，如果药材含有有效成分，则应对该成分含量确定可接受的最小值（或最大最小值）。提取物的量应当有确定的范围。如果活性物质或提取物的量均不能确定时，应该通过验证来确定指标物的范围，验证过程应详细记录。

如果将具有有效成分的药材标准化（即调整至有效成分确定的量），应该说明如何实现这种标准化。如果其他物质用于这些目的，则有必要指定可添加量的范围。

（2）维生素与矿物质的控制

传统草药药品中含有的维生素和矿物质的控制应当遵循欧盟《质量档案中活性物质标准法规摘要指南》（CHMP/QWP/297/97 修订）。

（3）辅料的控制

在草药加工品制备过程中添加的辅料，应按照《药品上市许可申请文件指南 – 对辅料的要求》（CHMP/QWP/396951/06）或《兽药产品上市许可申请文件指南 – 对辅料的要求》（EMEA/CVMP/004/98）。对于新型辅料，应按照新活性物质的申报要求执行（人用药品参照 2001/83/EC，兽用药品参照 2001/82/EC）。

6. 草药药品生产过程中的质量控制检验

应提供草药药品生产过程中，工序间质量控制检验的详细方法和限量。如果成品不便进行某些检验，则工序间质量控制检验就尤为重要。

7. 草药药品控制试验

草药药品成品质量控制应当参照《成品制剂的质量标准和控制试

验指南》（Eudralex 3AQ 11A）、《药材、草药加工品、草药药品制剂 / 传统草药药品质量标准试验方法和接受标准指南》（EMEA/CPMP/QWP/2820/00 和 EMEA/CVMP/815/00 修订），分析方法应当按照 ICH/VICH 分析方法验证指南（CPMP/ICH/381/95 和 CVMP/VICH/591/98）进行验证。

对草药药品量的测定包括有效成分、活性指标成分或指标成分的定性、定量检测。如果传统草药药品中含有维生素和矿物质，还应对维生素和矿物质进行定量测定。

如果草药药品是由多种药材或者多种药材制成的草药加工品组成的复方，且无法对各活性物质分别定量测定，则可采取多种活性物质联合测定的方式，并对新方法的合理性进行说明。

《欧洲药典》规定的微生物质量标准也应当被确定。微生物测定的频率也应当确定，参照 ICH/VICH《人用新原料药和新化学药物制剂分析测试方法和接受标准指南》（CPMP/ICH/ 367/96）和《兽用新原料药和新化学药物制剂分析测试方法和接受标准指南》（EMEA/CVMP/VICH/10/04）执行。

8. 稳定性考察

草药药品的稳定性试验需要参照欧盟《新活性物质及其制剂的稳定性指南》（CPMP/ICH/2736/99 修订），《新兽药物质和药品新兽用原料药和制剂产品的稳定性试验》（CVMP/VICH/899/99 修订），《已上市活性物质及其成品制剂的稳定性指南》（CPMP/QWP/122/02 和 EMEA/CVMP/846/99 修订），《人用药品使用稳定性指南》（CPMP/QWP/2934/99）和《兽药使用稳定性指南》（包括免疫兽药）（EMEA/CVMP/424/01）执行。

药材和草药加工品可整体看作活性物质，仅仅检验其有效成分的稳定性是不够充分的，所以还应采用注入指纹图谱等适宜的方法。尽可能表明药材和草药加工品中存在的其他物质的稳定性，这些物质的含量比例与初始指纹图谱中的含量具有可比性。

如果草药药品中含有多种药材或者多种草药加工品，且含有效成分，但无法测定每种有效成分的稳定性，则整个药品的稳定性需要通过指纹图谱、整体量的测定和理化性质检测等适宜的方法来检测，并说明方法的适宜性。

如果草药药品中只含有一种药材或草药加工品，且含有效成分，一般情况下，有效成分在药品有效期内的含量变动不得超过标示值的 ±5%。如果有效成分未知，则活性成分或指标成分在有效期内的含量变动不得超过标示值的 ±10%。

另外，如果草药药品中含有维生素和矿物质，则需对维生素和矿物质的稳定性进行说明。

第四章 | 植物源起始物料种植和采集质量管理规范

状态	时间
经草药委员会采纳并发布征求意见	2005 年 7 月
征求意见结束（讨论截止）	2005 年 10 月 30 日
经草药委员会质量起草组同意	2006 年 1 月
经草药委员会采纳	2006 年 1 月 12 日
生效日期	2006 年 8 月 1 日

为了确保草药质量的符合性、均一性，有必要建立良好的草药种植和采收管理规范（GACP）。适用于原料药生产、加工、包装和储存的 GMP 同样适用于草药。

对于草药制剂，原药材的生产和加工过程对原料质量具有直接的影响。由于草药具有自身生长过程中有效成分的复杂性和指标性成分的化学生物检测方法的局限性，为保证药物起始原料质量的稳定性，需要建立完整的草药采购、种植、收获和前处理的一整套质量保证体系。

野生草药的采收可能会出现特殊的问题。比如相似药材的混杂、环境破坏、缺少监控及无资质人员。

下述 GACP 指南虽未完全遵循传统的 GMP 理念。但是 GMP 的相关因素是建立草药质量保证体系的基础。

2. 摘要

（1）该文件旨在说明药用植物的种植、采收及前处理的具体方法，同时也对草药野外种植、采收中出现的特殊问题进行说明。这些内容在 GMP 原料药指南中也有提及，也适用于按照地方规范或国家规范进行的所有生产方法，包括有机栽培方法。该文件提供了额外的草药生产和加工标准，其主要用于鉴别影响产品质量的关键生产步骤。

（2）文件制定的主要目的是通过建立适合的草药质量标准以保证消费者用药安全，尤其是以下这些方面。

①草药的生产应卫生，以降低最小生物负荷。

②草药的生产应谨慎处理，以降低草药的采购、种植、加工和储存方面的不利影响。

在生产过程中，草药及其制剂会暴露在大量的微生物和其他污染下。该指南为企业提供了降低污染至最低程度的一些建议。

（3）本指南的注意事项和建议适用于草药、制剂生产企业及经营企业。

因此，草药、制剂生产企业及经营企业应遵循本文内容，在批记录中记录所有的相关活动。同时其合作伙伴也应如此，否则需要证明其合理性。

草药的种植和采收应该确保不能损害野生动植物的栖息地，必须遵守CITES（濒危野生动植物种国际贸易公约）。

3. 质量保证

草药生产者和草药供应商的协议应当包含质量方面的内容，比如活性成分含量、外观、气味、微生物污染限值、化学残留以及重金属等。该协议的制定要遵守地方和（或）国家规范，并以书面形式签订。

4. 人员和培训

（1）草药的前处理程序必须完全符合当地和（或）国家相关法规中食品卫生的要求，草药处理人员应具有较高程度的卫生要求（包括现场操作工人），且需要进行充分的卫生学培训。

（2）应该确保对所有种植和加工人员的劳动保护。

（3）需要提供防护服，以防止草药对人的毒性及潜在致敏性。

（4）工人如果感染了经食物传播的已知传染性疾病如腹泻，或是疾病的携带者，那么根据当地和（或）国家的法规要求，他们应从接触草药的工作区域撤出。

（5）有外伤、炎症以及皮肤传染病者必须撤离草药加工区域，或者必须穿适当的防护服／手套直到他们痊愈。

（6）所有人员上岗前必须接受岗位职责相关的植物学培训。

（7）采收人员必须具备足够的药材知识，包括鉴别、性状、产地等。采购人员必须能够辨别采购药材和与其在植物学／形态学上相似的药材，以避免对公众健康产生的风险。采购人员必须了解药材采收时间、采收方法及前处理方法以保证产品质量。

（8）如果采购人员缺乏足够的知识，管理者必须保证培训、监督并制定可执行文件。

（9）有必要对所有从事草药处理人员、种植人员进行包括除草剂和杀虫剂等内容的种植技术培训。

（10）草药采集者必须遵守环境和植物物种保护相关的法规。

5.厂房和设施

（1）已采收的草药生产车间应该是洁净的，空气完全流通并且从未用于牲畜使用。

（2）厂房必须能够防止昆虫、鸟类及啮齿类、家畜进入。所有储存和加工车间，防虫措施（如诱饵、电动杀虫机）必须由专业人员操作和维护。

（3）建议采用如下方式储存已包装草药。

①具备易清洁地板的混凝土建筑。

②具备托盘。

③与墙壁之间有足够的距离。

④与其他草药分开，避免与其他草药造成交叉污染。

⑤有机类产品必须单独储存。

（4）草药加工区必须按照当地和（或）国家法规要求设置更衣区、包含洗手设施的盥洗间。

6. 设备

草药种植和加工设备应该满足以下要求。

已清洁的，定期维修和校油以保证其良好的工作状态且需要时易于拆装。另外，用于喷洒化肥和农药的设备应该定期校准。

直接接触草药的设备零部件使用后要清洁，以确保残留物质不会造成交叉污染。

设备应该采用适宜的材质，以避免化学或其他方面造成的交叉污染。

7. 文件

（1）所有可能影响产品质量的过程和程序都应该制定文件。

（2）在草药生长期特别是收获期，所有可能影响草药中化学成分发生变化的极端情况都应该记录，比如极端天气和病虫害。

（3）应记录包含草药产地的所有的加工过程。种植者应保存之前的作物和植物保护的现场记录。

（4）种植草药，必须记录草药种类、数量及采收时间，以及草药生长过程中使用的各种化学、非化学物质（如化肥、农药、除草剂及促生长剂）。

（5）熏蒸物质及方法必须记录。

（6）采收地点和采收期应该尽可能描述清楚。

（7）草药原料的批号应当明确，并能溯源。应尽早启动标签和批次划分。草药采收和种植应采用不同批号。

（8）只有证明不同地理位置的草药是同一基原植物，才能混批，该过程必须记录清楚。

（9）供需双方应该签订协议（或者合同、产品指导等）。草药的种植、收获和加工过程应该按照协议来执行。协议中至少包括草药产地、原产地及生产者责任。

（10）审计结果应形成审计报告（所有的文件、审计报告、分析报告），至少保存 10 年。

8. 种子和繁殖材料

（1）种子必须来源于属、种、变种 / 栽培种 / 化学类型已明确鉴定的植物，并且可追溯。这同样适用于无性繁殖的草药。种子或者有机生产中使用无性繁殖的药用植物应该通过有机认证。起始原料应尽可能自主对抗病虫害以保证植物自然生长，尽可能使用具有天然抗性或者疾病抗性的物种。

（2）在整个加工过程中，要监控草药不同的种类、不同的药用部位，避免掺假。使用转基因植物或者种子必须要符合当地的法规。根据种植传统或者有机方法采用不同的工作程序是可以接受的，但要小心以避免环境影响。必须遵循良好的种植业的原则，包括农作物适当的轮作。

9. 土壤和施肥

（1）土壤

被污泥、重金属、残渣、植物保护产品以及其他化学污染的土壤，不应种植草药。在植物生长和植物保护中使用的任何化学品都应保持最小限度。

（2）施肥

①使用粪便应经充分发酵，不使用人类粪便。

②根据特殊物种需要，应尽量少用肥料剂。应该采用尽可能减少浸出的方式使用肥料。

（3）灌溉

①根据草药的需要来控制和实施灌溉。

②灌溉用水应遵循地方 / 国家标准。

（4）作物维护和植物保护

①耕作应适于植物生产和需求。

②尽可能避免使用杀虫剂和除草剂。必要时，使用经批准的植物保护产品，应参照制造商和法规规定的最小有效量，应该由有资质的员工采用经认可的设备来开展。使用时间和采收的最短时间间隔应该经购方规定，或者遵照植物保护产品制造者的推荐。《欧洲药典》《食品法典》规定的最大残留限度应被遵守。

10. 采收

（1）应该有专人负责草药的鉴别，并指导其他采收人员。

（2）必须根据地方和国家的物种保护法来实施采收。采收方法不得破坏保持草药再生的最佳生长环境。

（3）在未被当局授权的情况下，被 CITES（国际濒危物种贸易公约）列为濒危物种的草药禁止采集（详见 4.10）。

（4）应遵循 3、5、6、7、11、12、13、14 节规定的建议。

11. 收获

（1）草药应在符合其用途的最佳质量时予以收获。

（2）破损植物或者植物部位应根据特定的药典专论进行剔除或者限制使用。

（3）应在最好的条件下收获草药，避免土壤潮湿、露水、雨水及高空气湿度的影响。如果是在潮湿的条件下收获，应消除由于水分增高对药用植物带来的不利影响。

（4）调整收割机和切割机，使土壤造成的污染降到最低。

（5）已收割的草药不能直接接触土壤，必须在干燥、清洁的条件下尽快收集和转运。

（6）收获时要非常小心，避免有毒杂草污染已收获的草药。

（7）收获时使用的所有容器必须是清洁的、未被前次收获物污染的。容器未使用时，应保存在干燥条件下，避免昆虫、啮齿类动物和家畜接触。

（8）避免对草药的机械损伤和紧压，以造成草药质量的变化。必须注意如下方面。

①过量充装包装袋。

②包装袋堆垛。

（9）刚收割的草药要尽快传递到处理设备上，避免热降解。

（10）已收获的作物必须防范害虫、老鼠／啮齿动物，家畜和驯养动物。任何防虫措施应记录在案。

12. 前处理

（1）前处理包括清洗、干燥前切割、熏蒸、冷冻、蒸馏、干燥等。这些操作过程应遵循地方和（或）国家法规要求，而且初加工应在草药收获后尽快实施。

（2）运送到加工车间的草药应立刻卸载和拆包。除非有特殊需要，前处理不能暴露在阳光下，而且要注意防雨、防虫等。

（3）在天然露天干燥的情况下，草药应铺成一薄层。为保证充分的空气流通，晾晒台距离地面要有一定距离。除非特殊需要，应避免将草药直接铺在地面暴露在阳光下晾晒。晾晒要尽量均匀，避免发霉。

（4）除自然干燥外，要根据草药的不同部位如根、叶、花及不同的活性组分如挥发油来选择不同的干燥条件如温度、干燥时间、空气循环等。个别条件要详细记录。

（5）必须检查所有原材料，在必要时进行筛分，以便去除不符合标准的产品和异物。筛网必须保持清洁状态，要定期保养。

（6）确保废物箱是可用的并标识清楚，要每日清空并清洁。

13. 包装

（1）为保护产品、避免有害生物污染，应尽快进行包装。

（2）经过受控的前处理工序后，应采用清洁的、干燥的、最好是新的包装袋来包装产品。标签要清晰、固定，并且是无毒材质。标签信息要符合地方和（或）国家的法规要求。

（3）可重复使用的包装材料在使用前要充分清洗并干燥。二次使用的包装袋要确保无污染。

（4）包装材料储存场所应清洁、干燥，避免昆虫、家畜的接触。要保证该包装材料不会对产品造成污染，尤其是使用纤维袋的情况。

14. 储存和分发

（1）已包装的干燥草药，包括挥发油，要储存在干燥、空气流通、温度恒定、通风良好的建筑内。

鲜品储存温度为 1~5℃，冷冻产品储存温度为 -18℃以下（长期储存应在 -20℃以下）。

（2）散装运输，保持干燥条件非常重要。此外，为了避免发霉、发酵，有必要使用充气容器。作为替代，推荐使用充分加气的运输工具或其他运输设施。挥发油的运输要符合相应规定。要遵守当地的运输法规。

（3）只有在必要时才允许采用防虫熏蒸，而且必须由有资质的人员实施，只能使用已登记的化学物质。任何防虫熏蒸要有文件报告。

（4）仓库消毒只能使用经当地法规批准的物质。

（5）使用冷冻储存或者饱和蒸汽防虫，处理后要控制原材料的湿度。

第五章 | 关于草药药品和传统草药药品微生物方面的思考

状态	时间
草案由 HMPC 质量起草组通过	2012 年 12 月
	2013 年 2 月，4 月，6 月，9 月，10 月
	2014 年 1 月
草药药品委员会采纳	2014 年 1 月 28 日
公众征求意见起始时间	2014 年 2 月 19 日
征求意见截止时间	2014 年 6 月 15 日
HMPC 质量起草组通过	2015 年 3 月
HMPC 采纳	2015 年 5 月 5 日

关键词：HMPC；草药药品；传统草药药品；药材；草药加工品；质量；微生物方面；微生物污染。

1. 简介

2001/83/EC 修正法令和 2001/82/EC 修正法令提供了关于药材、草药加工品、草药药品（HMPs）的定义。基本立法适用于人用草药药品和兽用草药药品。在 2004/24/EC 法令下新增了关于人用传统草药药品（THMPs）的简化注册程序。本文原则同样适用于 THMPs。

依据这些定义，草药药品是一种药品，其专门包含了一种或多种药材、一种或多种草药加工品，或者由一种或多种药材和一种或多种草药加工品共同组成。

传统草药药品也可能会包含维生素和矿物质，前提是它们可作为草药活性物质的辅助成分发挥作用。

HMPs 有很多区别于包含化学活性物质药品的属性。因此，针对 HMPs 建立了包含特殊要求的指南，是传统指南所不具有的。药材和草药加工品是复杂的混合物，包含了自然成分以及潜在的自然可变性污染物。作为自然来源的药材通常比化学原料药含较高的微生物成分。本文介绍了如何采取预防措施以及运用净化工艺来获得药材、草药加工品以及 HMPs 中的微生物质量。

本文的目的是提供关于确保合适的微生物质量需考虑的关键因素的概述。本文重点考虑目前的监管因素，但也有 GACP 和 GMP 两方面的因素。

本文不包括药材、草药加工品和草药药品的无菌制剂的灭菌方法及微生物质量。

2. 讨论

HMPs 中的活性成分是药材和来源于药材的草药加工品。作为自然来源，其活性成分比起化学活性物质拥有较高的微生物污染（微生物负荷），且微生物种群无论在数量和性质上都呈现多样化。因此，需要特别注意 HMPs 中的微生物质量。《欧洲药典》认同需要针对 HPMs 微生物指标建立较宽的可接受标准，这取决于 HMPs 的自然属性以及加工方法（例如草药茶）。

药材 / 草药加工品也许会被多种细菌和真菌（真菌和酵母菌）污染。药材 / 草药加工品中的病毒通常可不需要特别关注。在药材 / 草药加工品和 HMPs 中的活细菌、真菌以及其孢子含量需要根据《欧洲药典》规定进行确认并加以限制。

致病微生物 致病细菌给服用 HMP 的患者带来了诱发传染性疾病和其他不良影响的风险，此类微生物不允许在 HMP 中出现。

孢子 内孢子指的是细菌孢子，细菌孢子由特定的革兰阳性菌如杆菌和梭菌等种类形成。当细菌暴露在不利的环境条件下（热、干燥、照射或营养损耗等）时孢子形成。通常，相比新鲜药材，孢子更多被发现存在于干燥药材中，尤其是当使用不合适的干燥程序时。细菌孢子对多种环境呈现高度的耐受性（干燥、冷冻、烘干、蒸汽、高压、紫外线辐射以及各种化学物质包括提取溶剂如乙醇）。当遇到合适的环境条件细菌孢子有可能再生为营养态细菌。在细菌的培养阶段用到营养物质和较高的温度以便检测产品中总需氧菌数（TAMC；《欧洲药典》2.6.12，2.6.13，2.6.31），因此，特定细菌种类（大部分为需氧芽孢杆菌）的孢子在培养皿定量测试方法中连同细菌一起进行检测。

真菌也产生孢子（分生孢子）。然而，当遇到不利环境条件时它们通常不像细菌孢子一样具有强耐受性。

物理化学特性　以质量观点看，一些微生物可改变产品的物理化学特性从而影响产品质量。植物体中的某些成分也许会被微生物代谢掉，导致不良化学变化。

微生物的代谢物也会导致感觉上的变化（外观、气味或者口感）和 HMP 中 pH 值的变化。如果 HMP 中包含化学防腐剂且防腐剂的功效有赖于 pH，那么 pH 值显著的变化就有可能减弱防腐剂功效。

以上风险需要进行评估。

霉菌毒素　菌丝在培养基的生长过程中，一些霉菌生成霉菌毒素。这些物质属于亲脂性物质附属代谢产物（如黄曲霉素和赭曲霉毒素 A）或亲水性物质附属代谢产物（如伏马菌素）。霉菌毒素可在植物生长过程（人工培养或自然生长）、药材/草药加工品以及草药药品的储存过程中形成。

最重要的霉菌毒素是具有高毒性以及致癌性的黄曲霉素。黄曲霉素 B_1 被认为是最具毒性的霉菌毒素。

原则上，黄曲霉素只由特定的真菌种类形成，这些真菌偏好特定的植物、部位和生长环境。地域对黄曲霉素的形成有显著影响，因为黄曲霉素形成的霉菌偏好较高的温度和湿度环境，一般来说，生长于热带（亚热带）的植物药材相比于生长在阴凉、干燥环境中含有更多的黄曲霉素。

黄曲霉素主要的有机生长体是黄曲霉和寄生霉菌。通常植物体所有部位均有被黄曲霉素污染的风险。然而种子、果实、根、茎被污染的风险更高，因为它们含有适合真菌生长的最佳营养成分。此外，由于黄曲霉和寄生霉是土生的，增加了根茎类被污染的风险。水对于微生物的生长以及黄曲霉素的形成很关键，因此水分是一个关键的指标，对干燥药材、加工品及 HMPs 检测干燥失重或水分很重要。

一些植物体（如甘草根）也会被赭曲霉素 A 污染。这种毒素是由赭曲霉、青霉菌以及其他相关菌种生成。赭曲霉素 A 具有肾毒性和致癌性。

黄曲霉素和赭曲霉素 A 具有热稳定性和在水醇溶剂中的溶解性。因此，药材中的黄曲霉素和赭曲霉素 A 就有被带入到加工品和成品中的风险，这可以导致加工品和成品中较高浓度的黄曲霉素。

2.1 通过预防措施降低微生物污染

微生物污染来源于首次或二次污染。首次污染是在植物获得时自然生成的微生物菌群。二次污染是处理植物体过程产生（人为干预、设备、建筑、空调系统以及运输过程）。降低微生物及其毒素的污染需要监控及限值首次及二次污染，更多应依靠预防措施而非采用净化处理方法。

根据欧盟法规，药材的生产应符合《良好种植及收集规范》（GACP）的要求，从起始物料开始。草药加工品应在 GMP 条件下生产，参见欧盟 GMP 准则（GMP 第 I 部分附件 7 的表格及第 II 部分表 1）。一些药材/草药加工品（例如某些挥发油）本身呈现出一定程度的内在抗菌活性，但这不能成为可以不符合 GACP 和 GMP 的理由。

如想了解更多信息，请参阅《关于草药药品／传统草药药品活性物质精油质量的思考》（EMA／HMPC／84789/2013）以及《关于草药药品／传统草药药品质量方面的问与答》（EMA／HMPC／41500/2010 rev）。

2.1.1 药材

对于人工栽培的植物，为避免不必要的微生物污染，应对其生长条件进行筛选。例如，用粪肥作肥料，那么在使用前应仔细堆肥。鉴于很多微生物寄主专一化的事实，人类的粪便不能用来作肥料，而且应避免直接使用污水。

当有合理理由时，可以在植物栽培阶段使用杀真菌剂以抑制真菌的生长。对于人工栽培和野生植物，收割的时间均应选择在外界水分较少时期，如避免在雨中、雨后或早／晚露水严重时期。在温室中培养植物可以控制空气以及动物对植物的污染。

收割之后，药材应趁鲜及时加工，除非冷藏。如果药材在使用之前要干燥，那么干燥过程（方法和时间）需要进行记录描述。干燥尽可能快而均一，因为这一步对于霉菌、细菌的生长以及霉菌毒素类的形成很关键。由于干燥不足而对产品采取净化处理以降低微生物污染是不正确的。

如果药材是用水进行清洗，那么应考虑到水的质量会成为微生物污染的潜在风险。

药材的包装材料及储存条件应优化选择以便能够防止微生物生长和二次污染。在较低的温度下储存可能会导致冷凝水的生成，也可能会成为一个被污染的风险。

2.1.2　草药加工品

生产中对药材的快速、有效和均匀处理原则同样适用于草药加工品。相关的步骤及中控包括提取温度和时间，尤其对于水提取物、真空蒸发提取物、挥发油的精馏等。采用水或低浓度乙醇进行压缩的溶液或草药提取物有被微生物污染的特别风险，因此可考虑额外加入防腐剂。防腐剂的选择和其浓度应依据现行指南经过合理论证，应包含防腐效力的证明。

微生物污染除了由于药材本身产生外，水、有机萃取溶剂、标准化或技术性辅料也应加以控制，因为它有助于草药加工品的微生物污染。

草药加工品的包装材料以及储存条件需要优化选择以便能够防止微生物生长和二次污染。

2.1.3　草药药品

在药材和草药加工品中适用的微生物污染原则同样适用于草药药品的生产、运输和储存中。

用来生产相应剂型所使用的辅料，其微生物质量应根据《欧盟药典》和欧盟相关指南被控制和监测。

成品的微生物限度取决于剂型以及给药途径，比较 2.3 的部分。

2.2 降低微生物污染的方法

正如以上部分所描述的那样，草药药品的微生物质量取决于使用物料的质量和生产过程。依据 GMP 标准，良好的质量不能仅靠最终处理来控制，而应包含起初的设计以及起始物料的质量。

在药材栽培、收割、储存及处理过程中控制好微生物含量是关键的，因为药材的后续加工过程对降低微生物负荷的可能性十分有限。这是由于药材易于被加工过程污染，另外潜在的有害残留物需要被充分评估。

这一点在《欧洲药典》"药材"中进行了强调："如果一个净化处理被应用，那么需要证明植物的成分没有受到影响且无有害残留存在。"

尽管在降低微生物负荷方面呈现出不错的效果，但环氧乙烷在药材中的使用已被欧盟禁止（自 1989 年 12 月 31 日，Directive 89/365/EEC）。这是由于在使用过程中生成了诸如氯乙醇及乙二醇等副产品。

2.2.1 采用净化工艺的合理性

如果成品中不含致病微生物，则没有必要采取灭菌工艺对药材、草药加工品以及草药药品中的微生物进行彻底的去除（致病菌除外）。

需要用一个产品的微生物质量信息来证明确需采取净化处理并建立降低微生物污染的程序。草药加工品 / 成品制造商应开展基于微生物种群和起始含菌量的风险评估，可借鉴《欧洲药典》中的非无菌产品可接受标准：总需氧菌数（TAMC）和总霉菌酵母菌数（TYMC）。

应基于草药物料的类型和成分来选择净化工艺并充分证明，且应考虑到产品的用途和给药途径。应重点考虑起始微生物负荷及最终微生物水平，也应考虑到后续生产过程和影响微生物生长诸如水分活度、效期及储存条件等因素。

净化处理不能用来代替 GACP、GMP，或掩盖未经处理的药材 / 草药加工品的不良微生物质量。必须考虑致病菌的存在，并采取措施去除或控制它们。那些能够产生毒素的微生物，诸如肉毒杆菌或真菌，只要能够抑制其生长对人体是无害的。然而一旦毒素生成，它们很难被去除。因此，需要仔细考虑微生物的代谢产物。因为大部分的净化处理措施可以降低总需氧菌数和总霉菌酵母菌数，但是无法降低霉菌毒素或内毒素。此外，仅有一些净化处理方法可以降低孢子的数量。

净化后药材 / 草药加工品 / 草药药品的质量会极大程度受到储存以及运输条件的影响，这是由于期间微生物的存活、化学反应诸如氧化和生物化学的变化影响到草药物质中的化学成分。

如果采用了净化方法，应证明在开发过程中原料没有受到显著影响，如通过比较指纹图谱。如果发生了重大变化应强调并进行充分的证明。应考虑到对药材 / 草药加工品 / 草药药品的安全性和有效性影响程度。

2.2.2 净化方法的选择

有许多可供选择的净化方法以降低药材、草药加工品或产品生产过程微生物污染。应尽可能在早期生产阶段使用净化处理，以保证微生物质量在整个生产过程中处于合适的水平，也可抑制产品在生产时和生产后微生物的进一步生长。

应使用适宜的处理方式以避免产品的理化性质受到不利影响。方法的选择和过程参数（时间、温度、压力、浓度、剂量等）的建立应基于开发和验证过程的数据。

①提取过程：在很多情况下，生产过程本身在一定程度上可去除微生物。如用乙醇溶剂对药材提取就是一种降低微生物的方法。较高浓度的乙醇（60%~95%）对植物生长具有显著的杀细菌和杀真菌作用，但在较低浓度（高于20%）下也可见一些防腐效果。除乙醇浓度外，抗菌活性取决于暴露时间、温度和存在的微生物菌株。乙醇对细菌孢子无效。

乙醇和甲醇在去除微生物方面并无明显的区别，营养细胞（尤其是革兰阴性菌）对热和乙醇溶液非常敏感。提取过程中微生物污染残留物主要体现在细菌内生孢子，这些孢子对诸如乙醇具有耐受性。水醇提取物（提取过程中加热）通常含有较低水平的总霉菌酵母菌数（$<10^4$ CFU/ml）。

干浸膏的生产通常包含在真空蒸发器中有机溶剂的蒸发。在许多情况下，仍含水分的软浸膏与适量的辅料混合之后采用合适的设备（如喷雾干燥器或带式干燥机）进行干燥蒸发，总微生物水平会在乙醇蒸发后有所增加，因为软浸膏里的水分可能会促进微生物生长。这应该在生产过程的开发中予以考虑。

提取过程使用沸水会降低总需氧菌数（TAMC）和总霉菌酵母菌

数（TYMC），正如在一些研究中发现沸水制备的草药茶有同样的效果。针对非生孢子（大肠埃希菌、金黄色葡萄球菌、嗜水气单胞菌、肺炎杆菌以及肠杆菌）及生孢子菌（蜡状芽孢杆菌）人工污染实验中发现非生孢子菌在沸水提取中几乎被完全去除，而生孢子有机体几乎完全存活。由于水有利于微生物的生长，因此在2~8℃冷藏库中储存时间应不多于24小时。其他储存条件应合理且有稳定性数据支持。

超临界二氧化碳提取可降低总需氧菌数（TAMC）和总霉菌酵母菌数（TYMC），因为使用过程中的溶剂和压力均可降低微生物水平。

由于挥发油的蒸馏工艺本身（高温和相变）通常导致较低的微生物污染，而且，挥发油本身往往具有内在的抑菌特性。

②乙醇处理：鉴于乙醇提取有助于减少微生物污染，用乙醇进行重复处理后蒸发可以将微生物含量控制到最小化。然而，使用乙醇可能会造成提取物成分化学变化，这种变化应经过评估。

③热处理：干燥或蒸汽。为了尽可能降低微生物污染，如果有必要的话，可以在干燥药材/草药加工品/草药药品前使用短暂的热处理〔超高热/高热处理（UHT）〕或者巴氏灭菌。

然而，这种处理方式通常并不适合用于含高含量树脂物质的提取物、高黏性提取物（干残渣多于50%），热敏感或含挥发性物质提取物。

这种方法会受到高温条件的限制，尤其当药材中含有热敏性及挥发性物质时。

高温干燥几分钟，例如工业生产时在滚筒干燥机中进行干燥通常会减少微生物负荷。而当在静态干燥器中采用较长时间较低温度干燥也许对一些化学成分影响较小，但是不能充分降低活菌总数，并且对芽孢没有效果。革兰阳性菌孢子具有高耐热特性，采用足够抑制孢子的温度时会导致物料化学变化并对最终产品产生影响。

65℃的水蒸气处理也许会破坏一些人体不适宜的微生物（例如沙门菌，大肠埃希菌以及铜绿假单胞菌）。然而，处理后剩余的水分需要移除并小心控制以防后续微生物的生长。

④熏蒸：用来控制虫害以及植物疾病的药材熏蒸法或许也能减少微生物污染。但应尽可能限制该方法的使用，除非确实需要。熏蒸应在早期阶段实施，并且熏蒸剂的选择、浓度以及使用条件（温度、湿度、暴露时间）应谨慎评估以使药材中熏蒸剂残留达到最小化。潜在的残留带入到草药加工品以及成品中时应加以强调并在需要时采取控制措施。在《熏蒸剂应用的思考》和《草药药品/传统草药药品质量的问答》中有关于药材熏蒸方面的内容。

⑤辐照：辐照在许多欧盟成员国中被限值或不允许使用，除非有合理的理由并且无替代方法时方可使用。辐照应在特定条件下开展使用，辐照产品的安全性应根据CPMP指南3AQ4A《电离辐射在医药产品制造中的应用》进行评估。

三种不同方式的电离辐射加以应用：伽马射线，X射线，电子辐射。

该处理方法的有效性取决于基质的成分，微生物的数量及种类以及使用的剂量等因素。辐射的致死剂量变化较大，这取决于辐射的类型、微生物的种类。通常来说，细菌的繁殖体相比真菌对电离辐射更加敏感。孢子的数量或许也会因 X 射线和伽马射线而减少。

产品应规定所需的辐射剂量，包括合理的限值，并参考上述 3AQ4ACPMP 指南。

在医药产品生产中使用电离辐射的制造商应参照 GMP 附件 12 在医药产品生产中使用电离辐射。

⑥冷冻干燥：据报道，冷冻干燥可减少微生物污染，但关于这一技术有效性方面的信息有限。而且，微生物对该方法的敏感性千变万化，其能够减少微生物污染的条件应进行评估。另一方面，冷冻防护剂的使用也许会让微生物复苏并繁殖。这在方法验证中需要加以强调。

⑦高压处理法：高压处理法（HPP），即高静水压处理法（HHPP）、超高压处理法（UHP）。这种方法是使用压力传播介质（水或其他适合的液体），使物料处于超过 1000 MPa（145000 psi）的高压中。该过程被来抑制 / 杀灭微生物，同时也能保留药材的性状特性如新鲜度、味道以及颜色等。此外，该方法也可被用来抑制（或激活）酶。然而，HPP 可能只会伤害微生物细胞，因此在后续加工和储存期间，受到致命损伤的细胞在合适的条件下可能会恢复并繁殖。这种现象可能导致对微生物减少的高估，因为在HPP 后立即测定的微生物数量将低于损伤细胞恢复后的数量。该方法的原理至今未被充分理解，或许是因为压缩过程导致了细胞膜的破裂以及高分子转化，比如说蛋白质的变性。

HPP 可应用于固体、液体以及已包装的产品，因为高压的瞬间性和一致性使得不管物料是何种形状、大小以及成分，从物料表面到中心均不会产生效果梯度。处理过程中应调整压力、温度、暴露时间至产生最佳效果，应在阴凉或冷藏温度下实施，暴露时间范围从数毫秒至超过 20 分钟不等。

微生物对 HPP 的敏感性受一些因素的影响，因此，针对不同的药材其处理条件（压力的保持时间、温度、介质的成分）应谨慎选择。处理过程的条件及参数需进行验证。产品处理过程中因 pH 变化对产品成分产生的影响需要进行评估。

为提高效果，HPP 可以结合热处理以及压力循环处理以使微生物失活并控制孢子的生长。超声、电流、高压电脉冲也可加以应用。

⑧瞬时压降控制：近些年瞬时压降控制（DIC）技术已发展成一种降低污染过程的方法，尤其对于热敏感固体和粉末。这基于对物料短时间热处理以及瞬间将压力降低至真空，这一过程会使被处理物料中的水分蒸发而导致温度突然骤降。微生物细胞（孢子和繁殖体）由于热力效应结果而破裂。对物料的热处理可通过渗透、过热蒸汽注射（STEAM–DIC）或压缩空气来实现，当溶解效果预计实现时（非挥发成分的提取）也可使用其他介质如二氧化碳来促进。当注入的蒸汽量或气体量越高、降压时间越短，热力作用越有效率。当这一过程重复几遍时也可以使用较低的温度来达到降低微生物污染良好效果，从而保留住不耐热成分（多循环 DIC）。

这个方法可能有负面影响，因为在自动汽化过程中挥发性成分可能会损失。

⑨酸碱处理法：用酸性或碱性化学物质处理可减少微生物污染，包括孢子。然而，这种方法通常不适用于药材或草药加工品，因

为酸性或碱性成分会使药材或草药加工品中的成分产生显著的化学变化。使用任何有毒物质的残留也应避免。

⑩防腐：添加防腐剂不被认为是一种净化方法，然而，其添加可在储存期及产品有效期内预防微生物生长。关于净化方法，防腐剂的使用不能替代 GACP 和 GMP 以掩盖产品本身具有较高的初始微生物污染水平。

⑪新的，替代方法：以上方法并未包含全部，其他方法也可使用。生产企业及监管机构有责任保证药材 / 草药加工品 / 草药药品的微生物质量，当需要时应采取适宜的方法降低微生物污染。

2.2.3 药材

降低药材中微生物污染的方法不仅仅依赖于以上提及的特定因素，也依赖后续药材的使用。当药材进行后续处理过程时对其干燥或冷藏即可抑制微生物生长和损坏直到进一步加工处理。

对药材的处理也可能会用到熏蒸剂，但当有其他适合的方法时应限制使用。考虑到各种相关因素、注意事项和禁止条律，其应尽可能应用在早期的加工阶段。

如果使用蒸汽减少植物体的微生物污染，则应立即干燥，因为任何残留的水分都可能会影响后续处理。

除非遇到无其他合适方法等特殊情况，电离辐射应限制使用。应注意从第三国进口的药材，也许经过了电离辐射，但并未加以强调和记录。应建立检测处于风险的药材的电离辐射的测试方法。

HPP 可被用来减少微生物数量，这种处理可用在食品领域如果汁、果实，同样可能对药材处理也是适合的，尤其是热敏感产品。

2.2.4 草药加工品

当使用高浓度乙醇时提取过程本身就可显著的减低微生物污染。然而，应注意当使用冷水浸渍提取时也许会造成微生物水平的大幅提升。这应该在生产过程的开发、质量控制过程的测试和为确定保质期进行的监测中予以考虑。

对草药加工品进行熏蒸和辐射通常是不适当的。

防腐剂可添加在草药加工品中用来抑制微生物生长，但无法降低微生物污染。

热处理（如对软浸膏进行 UHT 处理）或者 HPP 也许是合适的。特定的条件需要进行选择并验证，评估对草药加工品中成分的影响，可能的变化需要调查并确证。

2.2.5 草药药品

HMPs 的微生物质量取决于起始物料的质量、卫生条件以及生产过程。应尽可能少依赖微生物净化处理方式。

《欧洲药典》认同针对不同的产品特性以及加工方法和给药途径建立较宽泛的微生物可接受标准，具体如下。

以草药茶为例，考虑到加工时用到沸水，因此物料中较高的

TAMC 和 TYMC 可以被接受。然而，考虑到也许在实际生产中只用到热水而非沸水，有可能造成加工品的微生物质量不合格。

对热敏感的 HMPs（如乳剂及混悬剂）在不影响它们的理化性质时可以使用 HPP 进行处理。

对 HMPs 进行辐照和熏蒸不是普遍适用的。

应尽可能减少防腐剂的添加，但如果该药品在未能得到很好的保存以及多剂量包装于容器中时易促进微生物生长，则可以考虑使用。在产品开发、大规模生产、近效期以及产品使用中（如稳定性检测）时应根据《欧洲药典》5.1.3 对抗菌性防腐剂的效力进行证明，并且在说明书中应包含对防腐剂成分（ID 和含量）化学检测的相关内容。关于其用途的信息在《药品上市许可申请材料中的辅料指南》（EMEA / CHMP / QWP / 396951/2006）中提供。对于兽药产品，适用于《关于药品中含有的抗氧化剂和抗菌防腐剂的指南》（CPMP / CVMP / QWP / 115/95）。

2.3 药材、草药加工品和草药药品的检测

用微生物计数法来评估微生物污染。用在微生物培养皿中的菌落形成单位（cfu）每毫升或每克药材来评估微生物数量。另一种方法确定每毫升或每克的微生物最可能数目是通过观察待检测产品经稀释和繁殖后显示生长的试管数目的组合。最可能数目方法不太准确，但对于生物负载很低的产品来说，它可能是最合适的。

这两种方法《欧洲药典》通则 2.6.12 中均有描述。

微生物总数：分析方法

通常依据《欧洲药典》三个通则章节中参考方法来评估药材、草药加工品和草药药品中的微生物质量。2.6.12 章节即"非无菌药品微生物检查：微生物列举检测法"；2.6.13 章节即"非无菌药品微生物检查：特殊微生物的检测"；2.6.31 章节即"口服草药药品以及其提取物的微生物检查"。

《欧洲药典》2.6.12 中描述的检测方法允许嗜常温菌和霉菌（在需氧条件下可能生长）的定量列举方式，《欧洲药典》2.6.31 描述了特定大肠埃希菌、耐胆汁酸革兰阴性菌和沙门菌。在《欧洲药典》2.6.13 中列举的特定微生物包括了 2.6.31 中同样微生物，外加铜绿假单胞菌、金黄色葡萄球菌、梭状芽孢杆菌和白色念珠菌。

介质和方法的适用性应通过参考上面提到的《欧洲药典》中描述的测试菌株方法来证明。

由于传统微生物检测方法较慢（5~14 天培养才能出结果），一个附加的章节出版在《欧洲药典》中以促进其他方法的使用（5.1.6."微生物质量控制替代方法"）：一些替代方法显示出了可实时或及时出结果，以便进行早期的纠偏行动。对于每种方法阐述了其基本原理，以及讨论了方法的利弊。选择微生物检测方法的过程中可使用 5.1.6 章节内容作为补充或作为传统微生物检测替代方法，并可使用其内容对所选方法检测过程进行验证。

微生物总数：可接受标准

《欧洲药典》5.1.8 章节"口服草药药品和其提取物的微生物质

量"提供了非特殊微生物的通用可接受标准以及最大可接受总数（TAMC 和 TYMC）。然而，如《欧洲药典》5.1.8 所述，对其他微生物的检测也是需要的，或者考虑到药材自然属性、微生物污染定性和定量描述、加工过程，以及使用 HMP 和提取物的意图等这些因素经风险评估后有些标准可以适当放宽。

最终草药成品被分为 A、B 和 C 三类，这是考虑到了加工方法、使用意图以及有些根据患者制备的草药茶等。

当加工处理过程无法减少微生物水平以满足 B 类标准时，口服用的提取物应满足 C 类可接受标准。

当提取物做成用于其他给药途径的制剂时也许应建立更为严格的可接受标准，正如《欧洲药典》5.1.4 章节"非无菌制剂和药用物质的微生物质量"所说那样。这个章节包括针对其他剂型的特定要求，如包含无法进行抗菌预处理的原药材以及那些 TAMC 超过 10^3 cfu/g 或 cfu/ml 可被接受的原药材。

可对不应检出的特定菌进行确定（如金黄色葡萄球菌、大肠埃希菌、沙门菌、铜绿假单胞菌）。可接受标准在《欧洲药典》5.1.4 和 5.1.8 章节有相关标准。除了在《欧洲药典》中明确的，应考虑检测由于药材来源而可能具有的致病菌（如志贺杆菌、弯曲杆菌、李斯特杆菌等）。

除了提取物，《欧洲药典》并未给出药材和草药加工品的 TAMC 和 TYMC 可接受标准。因此，特定的微生物限度应根据具体情况来建立。

更多的有关解释和风险评估的信息，以及申请者建立这些限度的参数指南可以参见《草药药品 / 传统草药药品质量问答》（EMA/HMPC/41500/2010 current revision）和《药材、草药加工品和草药药品 / 传统草药药品检测步骤和可接受标准指南》（EMA/CPMP/QWP/2820/00，EMA/CVMP/815/00,EMA/HMPC/162241/2005, 现行版本）。

霉菌毒素

即便实施了微生物净化处理，也应充分评估潜在的霉菌毒素污染。对于黄曲霉素，《欧洲药典》给出了鉴定药材中黄曲霉素 B_1 的方法和限度，除非另有专题，应为 NMT 2μg/kg。《欧洲药典》分析方法 2.8.18 阐述主管当局也要求黄曲霉素总计（B_1，B_2，G_1 及 G_2）限度也应满足 NMT 4μg/kg。

对于赭曲霉素 A，在《欧洲药典》2.8.22 中阐述了检验步骤，可接受标准也在特定的专论中提及。

由于霉菌毒素的污染是非均匀的，只有某个药材批次中部分会含有霉菌毒素（如真菌的斑点污染）。这种情况需要谨慎评估并且建立合适的取样机制来确定霉菌毒素污染的风险。

干燥失重、水分或水分活性

检测药材 / 加工品中的干燥失重、水分或水分活性对评估潜在的微生物污染风险是有用的。这种检测不能替代对 TAMC 和 TYMC 检测，但可以为药材 / 加工品 / 成品的空白检测提供依据。

当储存期间药材 / 草药加工品吸收了大量的外部水分时，易吸湿的

药材 / 加工品容易促进微生物的生长。因此应依据吸湿效果来评估建立水分可接受标准。对于某些提取物（如水飞蓟）检测干燥失重并不足够，像这些情况最好能开展水分检测（《欧洲药典》2.5.12）。

对含有植物的挥发油，需要专门检测水分。

《欧洲药典》阐述了一种"挥发油中水分"的检测方法，也许适用于成品的"通过蒸馏确定水分"法，以及适用于提取物的"水分微半量确定"法。

水分活性（aw）是在一个系统中水的能量状态的一种测量，并且也是判断微生物是否生长以及生长速度的关键因素之一。因为水分活性（非含水量）决定了微生物生长所需最低限度的水。水分活性的控制是对控制微生物生长一个很有价值的工具，并且测定水分活性也许对判断储存阶段潜在的微生物污染和生长是很有用的。

通常认为当水分活性在产品中低于 0.6 时，霉菌和酵母菌不会繁殖。对于绝大多数细菌和霉菌生长的最低水分活性值分别为 0.85 和 0.7，而干燥药材在普通条件下储存时具有较低的水分活性（通常为 0.5~0.6）。嗜盐菌通常在水分活性值达到 0.75 开始生长，但对公众健康是否造成威胁无法得知。当产品中的水分活性值达到 0.86 时金黄色葡萄球菌可繁殖生长，但只有当大于 0.93 时方能产生导致已知的食物源性感染或中毒的病原体的生长环境。金黄色葡萄球菌肠毒素的产生也许需要较高的水分活性值。

乙醇

《欧洲药典》2.9.10 章节的"乙醇含量"给出了确定在液体加工品

如提取物和酊剂中乙醇含量的方法。对于减少或免除含有乙醇的草药加工品中的微生物检测应根据乙醇浓度证明其合理性。

防腐剂

对于需要抗菌性防腐剂的草药药品如口服液体类，在储存和使用阶段应根据需要维持的产品微生物质量来说明防腐剂含量的可接受标准。通过《欧洲药典》5.1.3 "抗菌性防腐剂效力" 应证明最低浓度的抗菌性防腐剂能够有效控制微生物。对于草药加工品也适用于相似的方法。

通常需要开展抗菌性防腐剂的鉴别和含量等放行及稳定性检测。在这种情况下，中间控制即可替代放行检测。当对抗菌性防腐剂的含量测定作为中间过程检测时，其可接受标准也作为成品质量标准的一部分。

熏蒸剂的残留

应充分评估可能在药材和草药加工品中的熏蒸剂残留。当在药材 / 加工品中控制其残留时，可不必对草药药品进行检测。

当需要时，应采取适当的验证方法来控制潜在残留，并建立合理的可接受标准。

辐照的残留

应充分评估可能在药材和草药加工品中的辐照残留，当认为有适当的理由或者考虑药材 / 草药加工品已经过了辐照，也应进行辐照残留检测。应采取适当的验证方法来控制潜在残留，并建立合理的可接受标准。

检测频率——放行和稳定性检测

微生物总数在生产过程取样频率和时间点（这取决于数据支持和经验）的确定应满足：采用药典程序或其他经过验证的程序（《草药药品 / 传统草药药品质量指南》）。

日常及减少微生物检测，以及霉菌毒素的检测和稳定性研究更多方面的指南参见文件《关于草药药品 / 传统草药药品质量方面的问与答》（EMA/HMPC/41500/2010）以及《药品质量问与答》第一部分（活性物质 – 草本来源起始物料）。

2.3.1 药材

通常，常规的检测对药材是适用的。应考虑到特定微生物污染、后续生产过程降低微生物能力的验证信息、使用意图，通过以上三方面的风险评估来建立相关的限度和可接受标准。也应考虑到可能的霉菌毒素污染。

2.3.2 草药加工品

诸如取决于乙醇含量的提取物和酊剂类产品，它们是否可以免除或减少微生物污染的检测，需要通过科学的证明予以确证。申请人应根据生产工艺验证和待包装品的保存时间来确认其草药加工品微生物限度的检测频率。也应考虑到可能的霉菌毒素污染，应考虑药材是否已确定无霉菌毒素的存在以及草药加工品的储存条件是否适合于防止产生霉菌毒素的微生物生长。

2.3.3 草药药品

HMPs 需要检测微生物质量。如果经过验证证明在生产过程中没有显著的微生物污染，且相关物料在生产前进行了微生物检测，那么也许成品在一些情况下可跳过微生物的检测。也应考虑到可能的霉菌毒素污染，应考虑药材 / 草药加工品是否已确定无霉菌毒素的存在以及草药加工品 / 草药药品的储存条件是否适合于防止产生霉菌毒素的微生物生长。

成品微生物纯度的限制取决于剂型和给药途径。

ICH Q6A 质量标准 "新原料药和新药：化学药物的检测程序和可接受标准" 中报道的决策树方法提供了用于检测非无菌药用产品微生物限度的额外指导。

3. 结论

作为自然来源的药材相比化学药物通常具有较高的微生物含量。这会具有一定的风险因为微生物可能会被带入到草药加工品和草药药品中。另外，微生物生成的孢子和有毒菌素也可能会被带入到草药物料中，它们难以去除。

对于 HMPs 中的微生物和霉菌毒素污染不能仅仅依靠最终检验来控制；应从起始物料到最终产品的整个生产过程来建立控制系统。对药材、草药加工品和草药药品中微生物污染的控制和检测应根据不同的个例具体分析评估其风险。

应考虑到很多的关键点。这些关键点包含药材来源、对微生物的理解、生产过程和采取的净化处理、辅料的微生物含量、包装材料的保护能力、剂型、给药途径、剂量和患者人群。最重要的是，更多的应采取预防措施，而非采取降低污染的种种干预。

为保障最终产品的良好微生物质量，在从药材到产品的整个生产过程中遵循 GACP 和 GMP 是关键的。最终产品不应有利于微生物的生长，干燥过程和最终含水量在这方面是关键参数。

如果在药材和草药加工品中用到了净化处理，其使用需求应进行充分的确证，并且谨慎选择净化处理方法。应考虑到起始微生物水平、最终可接受的微生物水平，而且需要证明净化过程不会改变草药物料的化学成分或者不会在产品中残留有毒成分。

药材、草药加工品以及 HMP 的质量标准中应包含 YAMC 和 TYMC 的检测，对于特殊的微生物也不应检出，除非另有其他证明。《欧洲药典》中给出了提取物和成品的微生物限度及分析方法，其他经过验证的替代方法也可使用。也应在风险评估中考虑到干燥失重 / 水分和霉菌毒素的检测。然而，这些参数并不能取代微生物污染检测。涵盖一些讨论问题的具体问题和答案请见《草药药品 / 传统草药产品质量的问与答》(EMA / HMPC / 41500/2010)。

4. 定义

可接受标准： 用于接受分析程序结果的数值限制，范围或其他合适的措施。

已知治疗活性的成分：是化学定义上的物质或多种物质，通常被认为对药材、草药加工品或草药药品治疗活性具有显著作用。

降解产物：在活性物质／药品的制造和／或储存过程中引起的，由于例如光，温度，pH，水或与辅料发生反应和／或直接容器封闭系统造成的活性物质组成的化学变化所产生的杂质。由于草药的特殊性质，对于药材／草药加工品／草药药品，通常只有毒理学相关的降解产物必须指定。

提取溶剂：在提取过程中用到的溶剂。

草药药品：一种药用产品，专门包含一种或多种药材，或者一种或多种草药加工品，或者一种或多种药材结合一种或多种草药加工品（注：即我国的中成药制剂）。

草药加工品：将药材进行处理如提取、蒸馏、压榨、分馏、提纯、浓缩或者发酵后得到的物质。包含经粉碎或粉化的药材、药酒、提取物、挥发油、压榨汁以及处理后的渗出液。

药材：完整的、分割或切割的植物、植物部位、藻类、真菌类、未加工的苔藓，通常是干燥状态但有时新鲜。未进行特殊处理的一些渗出液也可认为是药材。据双名法（属，种，品种和命名者），药材由植物部分和植物学名称精确定义。

草药茶：完全由一种或多种药材组成，通过煎煮，灌输或浸渍的方式用于口服的含水制剂。该制剂应在使用前立即制备。草药茶通常以散装形式或小袋装供应。

杂质：

（1）药材中的任何组分，其并不被定义为药材。

（2）草药加工品或草药药品中的任何组分，其并不被定义为药材／加工品，也不被定义为草药加工品／草药药品中的辅料。

标记物： 一种用于控制目的药材、草药加工品或草药药品中的成分或多种成分，不管它们是否具有治疗活性。如果标记物已在药材或草药加工品中被量化，那么标记物就可用于计算草药药品中药材或草药加工品的量。有以下两类标记物。

活性标记物： 通常被认为具有治疗活性的成分或多种成分。

分析标记物： 用于分析目的的成分或多种成分。

溶剂： 一种无机的或有机的液体，用作生产草药加工品或草药药品时的溶液剂或混悬剂。

质量标准： 一系列的检验、相关的分析程序和合适的可接受标准，可以是数值的限度、范围或所述测试项目的其他标准。应建立符合草药加工品／药材或草药药品预期用途的一套标准。"符合质量标准"表示草药加工品／药材和（或）草药药品按照所列的分析规程检验，符合所列的可接受标准。标准是指政府监管机构和申请人之间达成的具有约束力的质量标准。

具体测试： 根据其特定性质和／或预期用途被认为适用于特定药材／加工品或特定草药药品的测试。

TAMC：总需氧菌数。

传统草药药品：指人用药用产品，满足 16a（1）of Directive 2001/83/EC 中的条件［注：在符合草药药品定义的基础上，还必须满足有特定适应证、不需在医生指导下使用，只能是口服、外用和（或）吸入制剂，符合规定的传统应用期限等条件的产品］。

TYMC：总酵母菌和霉菌数。

第六章 | 复方草药药品／传统草药药品质量指南

状态	时间
草案经草药委员会质量起草组同意	2007 年 2 月
草药委员会采纳并发布征求社会意见	2007 年 3 月 8 日
草案经人用药委员会／兽药委员会质量工作组同意	2007 年 6 月 7 日
经人用药委员会采纳并发布征求社会意见	2007 年 6 月 18 日
经兽药委员会采纳并发布征求社会意见	2007 年 7 月 12 日
征求意见结束（讨论结束时间）	2007 年 10 月 31 日
经草药委员会质量起草组同意	2007 年 12 月 6 日
经草药委员会采纳	2008 年 1 月 10 日
经人用药委员会／兽药委员会质量工作组最终同意	2008 年 2 月 28 日
兽药委员会采纳	2008 年 3 月 13 日
人用药委员会采纳	2008 年 4 月 24 日
生效日期	2008 年 11 月 1 日

关键词：草药药品；传统草药药品；药材；草药加工品；复方草药药品；草药委员会；质量。

概要

本指南适用于含有药材 / 草药加工品的草药药品。复方草药药品
的质量保证和确认应按照已有法规执行，即修订版法规 2001/83/
EC 附件Ⅰ、2001/82/EC 附件Ⅰ以及现行的 EU/(Ⅴ)ICH 质量指南。

对于一些复方药品，对每种药材 / 加工品都进行鉴别和分析是很
难的，甚至是不可能的。这种情况，需要仔细考虑现有法规和指
南的具体规定。

本指南旨在，考虑到复方草药药品组分的复杂性及其他药材 / 加
工品对测试的干扰，细化复方草药药品中药材 / 草药加工品的定
性和定量测定方法。原则上，应确认草药药品活性成分的性质和
含量。即便在现有法规有具体规定的情况下，全面完整分析各活
性成分也是难以做到的，除了对草药药品成分和含量的更广泛的
检测，其具体的重点或许是放在验证、生产工艺的设计以及详细
规定每个关键步骤上。通过适当的草药药品的生产，特别是在过
程控制的选择（IPC）和相应的草药药品检测，使这些药品达到
批次一致性的质量要求。对于所采用的方法，申请者要给出全面
的证明。

建议关注、参阅相关主管部门的最新法规。

1. 介绍（背景）

草药药品可由药材 / 草药加工品复方而成。多数情况下，草药药
品是由分别提取的药材经过混合后制成的，当然在某些时候也存
在药材在提取前先行混合的情况。

大多数已批准的复方草药药品只是由有限数量的活性成分组成。然而，随着 2004/24/EC 法规的推出，人用传统草药药品简化登记程序全面实施后，预计复方药品的申请数量将会增加。

应该注意的是，药品质量是独立于其实际应用的，因此所有的质量和质量指南的总体原则适用于所有草药药品。此外，特定的草药质量指南适用于所有草药药品。然而，为确保产品批间质量的一致性，复方草药药品的复杂性会影响需采用的质量控制措施。如何明确现有的对证明复方草药药品质量的要求是必要的。

本指南兼顾了《欧洲药典》有关药材和草药加工品的内容。

2. 范围

本指南适用于含有多种药材 / 草药加工品的草药药品。复方草药药品的质量一般应依照现有的质量指南予以保证和证明，包括稳定性。

本指南兼顾了草药药品成分的复杂性，提出了复方草药药品中药材 / 草药加工品的鉴别和定量测定的方法。大多数现已批准的复方草药药品只含有限数量的活性成分。本标准是在临床资料和依照当前质量指南进行的全面检测的基础上建立的。然而，在多数欧盟国家，大部分含有多种活性成分的药品是指传统草药药品。传统草药药品的质量指标不是基于临床检测数据而是基于药品的长期使用情况。由于含有多种活性成分的复杂性，很难按照现行欧盟的指南予以确认。虽然在现行指南中有具体规定，但按实际需要仍需做出其他解释说明。

执行本指南的同时应参照以下指南：①草药药品 / 传统草药药品
质量指南；②指导规范：药材、草药加工品、草药药品及传统
草药药品的测试程序和验收标准；③药品 GMP 附件 7 "草药药
品的生产"（见 "欧盟医药产品规范" 第 4 卷）；④ SPC 技术中
关于草药药品 / 传统草药药品的药材和草药加工品的公告指南；
⑤ GACP（农业与采集质量管理规范）中起始草药源产地指南；
⑥复方草药药品 / 传统草药药品质量的概念性文件。另外，传统
草药药品中的维生素 / 矿物质不包含在本指南范畴之内。在这方
面指的是对活性成分和药品的一般质量指南。但很明显，本指南
的范围并不排除传统草药药品中含有维生素 / 矿物质的药品。

3. 依据

本指南支持按照修订版法规 2001/82/EC 和修订版法规 2001/83/EC
进行的上市许可申请。

针对传统草药药品建立简化注册程序，按照基于法规 2001/83/EC
修订的法规 2004/24/EC。本指南同样适用于人用传统草药药品。

4. 正文

草药药品含有药材 / 药材加工品，每一种药材 / 药材加工品均包
含大量化学成分，而只有少数可以被确定。此外，药材源自天
然，其化学组成各不相同。在大多数情况下，活性指标成分是未
知的，或通常只能进行部分说明，只能用指标来描述这些产品。

含药材 / 草药加工品的复方草药产品，其质量控制可能有更多问
题，因为除了上述难点，其他药材 / 草药加工品可能会干扰分析，

如其他药材可能影响指标的提取或检测。

通常情况下复方草药药品的质量可以通过现有的规范所保证和证明。应测试草药药品的所有相关参数，同时应对含有的药材及草药加工品进行鉴别和分析。草药药品的稳定性必须得以保证。对于一些复方草药药品，对其中的药材 / 草药加工品进行单独鉴别和定量测定是难以做到的，有时甚至是不可能的。下面会对鉴别和分析方法的要求进行说明。应该强调的是，尽管提出了指南，所有通常应用的鉴别和分析方法也需进行研究确认，如《欧洲药典》General Chapter 2 "分析方法" 中提到的方法。此外，每种方法都需要经过验证，并兼顾复方草药药品的实际应用情况。

如果草药药品的独有活性成分无法进行鉴别、分析及稳定性检测，可以考虑替代的研究方法。复方草药药品与其他（草药）药品对照时，不应无故省略部分测试。就这一点而言，减少草药药品活性成分的检测数量可以增加完成所有测试的可能性（如鉴别、分析等）。适用于所有药品的，GMP、工艺验证和记录草药药品每一步生产过程的批记录，包括 IPC 测试的结果，结合适当的测试标准，确保获得质量良好且均一的药品。与其他药品一样，复方草药药品的生产过程应受控，同时按照批准的处方进行生产，其生产工艺要经过验证。采用适当的 IPC 测试方案（如测试期间药材 / 制剂逐步增加）以及药品生产投料前的鉴别实验，以确保草药药品质量和标示成分的一致性。每一步的生产过程应该被视为至关重要的和适当的程序，以确保活性成分 / 赋形剂的添加处于控制之下。GMP 文本应该提供给主管部门审核，生产和工艺验证数据应提交至上市许可 / 技术档案中。

实施综合分析后 , 活性成分质量标准应包括总指标的限度（再有 ,

如果不同于药典指标），以确保草药药品的回收率。

在适用情况下，同样的指南适用于草药药品生产过程中间阶段的控制测试。

以下为同样适用于复方草药药品各个活性成分的鉴别和定量测定：

各活性成分的鉴别测试（见 Decision tree # 1：复方草药药品各个活性成分的鉴别试验）

- 活性指标成分已知或药材／制剂的活性标志已知，草药药品活性成分的鉴别应依照质量标准指南（2）进行。

- 药材／药材加工品中活性指标成分及活性物质未知的：按照质量标准指南（2），草药药品中可以鉴别的每种药材／加工品都应进行鉴别。

- 草药药品的药材／加工品无法鉴别的，可采用所有通用的鉴别分析方法，如《欧洲药典》General Chapter 2 "分析方法"中已被研究确认的方法。

此外：在草药药品生产工艺的末端进行药材／加工品的鉴别试验更合理。申请人应证明方法的合理性。鉴别试验应有生产批记录和工艺验证作为支持。

还有，草药药品的正式标准应包括与质量标准指南（2）相符合的鉴别方法，例如指纹图谱。所采用的全部鉴别方法应能反应复方制剂的质量特征。

- 如果无法采用 IPC 法检测药材 / 加工品，则需在药材 / 加工品生产过程中有效物质投料前，按照其质量标准进行药材 / 加工品的鉴别。申请者需要证明这种方式的合理性。鉴别试验要有生产批记录和工艺验证来支持。申请者应对提交给当局的信息进行详细说明，并确保提交文件的质量，并且确保在应对当局检查时该文件是有效的。

此外，草药药品的正式标准还应包括与质量标准指南（2）相符合的鉴别方法，例如指纹图谱。所采用的全部鉴别方法应能反应复方制剂的质量特征。

各活性成分的分析（见决策树 # 2：各复方草药药品活性成分的分析）

- 指标性成分及有效成分已知，

- 草药药品活性成分的分析应依照质量标准指南（2）进行。

- 如果不能对草药 / 加工品的有效成分进行单独分析，可以根据质量标准指南（2）对药材 / 加工品两个或多个组分进行定量测定（例如测定蒽醌衍生物）。

- 指标性成分及有效成分未知，

- 如果每个药材 / 加工品可测，则按照质量标准指南（2）对其进行测定。

- 如果不能对草药 / 加工品的有效成分进行单独分析，可以根据质量标准指南（2）对药材／加工品两个或多个组分进行定量测定。

总指标能提供的草药药品中相关组分的信息是有限的。因此，总指标的选择应非常慎重并要能证明其合理性。如果认为这种分析可接受，那么相关的药材／加工品质量标准要提供总指标的限度。申请者应当证明所采用方法的合理性。采用的方法要经过确认，文件应有效。

草药药品中药材／加工品无法分析时，应该提供所通常被采用的该种分析方法的适当的证明性文件。比如该方法列在《欧洲药典》General Chapter 2 中分析方法项下。

此外，适当的生产工艺设计、严密的工艺验证，能够确保草药药品的生产和质量可控、能够保证草药药品的成分与批准的成分相同。生产工艺开发研究（在草药药品生产过程中逐步添加药材／加工品的趋势分析及降解研究）和其他研究（活性物质的稳定性研究）非常关键，这些研究能确保采用的方法可以保证产品的质量及产品的构成。申请者要证明方法的合理性。草药药品批生产记录能支持该试验。

另外，复方药物的放行和储存期标准应按照质量标准指南（2）建立适当的分析方法，例如半定量的指纹图谱，能对复方药物进行特殊的定量测定。

以上要求适用于复方草药药品中每种药材／加工品的定性和定量测定。因此，复方草药药品所有放行和储存期标准大体上就是复方草药药品中单个药材／加工品鉴别和定量的综合测试，或者是

药材 / 加工品的联合分析，或者是其他的能够反映复方药品特性的特征鉴定或者特征定量的适当的分析测试方法。

草药药品的稳定性

复方草药药品的稳定性应按照现有的稳定性指南和特殊草药指南（1、2）进行。

对于含已知活性成分或有效指标的药材 / 加工品草药药品，应说明各活性组分的稳定性（决策树 #2）。

根据该草药药品质量指南，如果草药药品含多种药材 / 加工品，并且无法确定每种活性物质的稳定性，那么就需要提供该药品的指纹图谱，全部的分析方法、物理测试及其他适当的测试。申请者要证明这些试验的合理性。

第七章 | 草药制剂的生产

欧盟药事法规

第 4 卷

人用药品及兽药生产质量管理规范

附录 7　草药药品的生产

状态	时间
本修订版详细说明了《药品生产质量管理规范》条款在作为草药药品制造起始物料的活性物质（第二部分）中的应用。另外，特别根据第 2004/24/EC 号新法令中传统植物药品部分内容进行了相应变更，为此 GMDP 检查员工作组（前 Ad Hoc GMP 检查服务检查组）与草药委员会（HMPC）通力合作的成果	2005 年 5 月 ~2006 年 3 月

续　表

状态	时间
发布征求公众意见稿	2006 年 5~6 月
修订版生效日期	2009 年 9 月 1 日

原则

由于草药药品的复杂性和多样性，对起始原料的控制、贮存和加工在草药药品制造中就显得尤为重要。

草药药品[i]制造中的"起始物料"可以是药用植物、药材[ii]或草药加工品[i]。药材应有合适的质量，质量相关支持性数据应当提供给草药加工品／草药药品制造企业。为保证药材质量的一致性，可能会对农业生产方面的信息要求得更为详细。选种与收获条件代表着药材质量的重要方面，并可能影响成品的一致性。HMPC 指南文件《植物源起始物料种植和采集质量管理规范》中所提供了种植与采集适当的质量保证体系相关建议。

本附录适用于所有的草药起始物料：药用植物、药材或草药加工品。

草药药品[iii]生产的《质量管理规范》应用说明表

活动	良好种植与采集规范（GACP）[iv]	《欧盟 GMP 指南》第 2 部	《欧盟 GMP 指南》第 1 部分 1
植物、藻类、真菌与地衣的种植、采集与收获及渗出物的收集			
植物、藻类、真菌地衣及渗出物的切割与干燥 *			

续　表

活动	良好种植与采集规范（GACP）iv	《欧盟 GMP 指南》第 2 部	《欧盟 GMP 指南》第 1 部分 1
植物压榨与蒸馏 **			
渗出物的粉碎、加工、植物提取、药材的分馏、精制、浓缩或发酵			
进一步加工成制剂，包括包装成药品			

草药物料的 GMP 分类取决于生产许可持有人所确定的所制造的产品的用途。草药物料可以归类为原料药、中间体或成品。药品制造企业应当确保所生产的药品适用于恰当的 GMP 分类。

* 制造企业应当确保这些步骤的实施符合上市许可 / 注册的要求。对于在种植场进行的几个初始步骤，例如上市许可 / 注册证上所证明的，可遵循《植物源起始物料种植和采集质量管理规范》（GACP）。《药品生产质量管理规范》（GMP）适用于进一步的切割与干燥步骤。

** 关于植物的压榨和蒸馏，如果这些活动是收获必不可少的部分，用于维持产品质量符合已批准的标准，并且种植过程符合 GACP 要求，则可在种植场进行上述操作。以上应视为例外情况，并应在相关上市许可 / 注册文件中进行合理论述。对于在野外进行的活动，应保证有符合 GMP 基本原则的适当文件、控制和验证。要政机构可能对这些活动实施 GMP 检查，以评估符合性。

厂房与设备

贮存区域

（1）药材应贮存在单独区域。贮存区应配有防虫或防止其他动物进入的设备设施，特别是啮齿类动物。应采取有效措施防止动物和微生物在药材上的传播，防止其发酵、霉变及交叉污染等。应使用不同的隔离区域来区分入厂待验的药材与合格的药材。

（2）贮存区域应该通风良好，且容器的放置方式应允许空气自由流通。

（3）应特别注意贮存区域的清洁与维护，尤其是易产生粉尘的地方。

（4）药材与药草加工品的贮存可能对湿度、温度和光线具有特殊要求，应提供适当的贮存条件进行监控。

生产区域

（5）药材与草药加工品的取样、称量、混合与加工等过程，一旦产生粉尘，应有特殊规定，以便于清洁和防止交叉污染，例如使用除尘系统、专用厂房等。

设备

（6）制造工艺所用的设备、过滤材料等必须与提取溶剂相适应，以防止释放或吸附任何可能影响产品质量的物质。

文件管理

起始物料的质量标准

（7）草药药品制造企业必须确保仅使用按 GMP 与上市许可注册要求制造的草药起始物料。由草药药品制造企业或其代表对供应商的全面审计资料应当可用。原料药的"审计追踪"对起始物料的质量至关重要。制造企业应确保药材/草药加工品的供应商符合 GACP 要求。

（8）为了满足《欧盟 GMP 指南》（第4章）基本要求所描述的质

量标准要求，药材／草药加工品的文件管理应当包括如下内容。

—植物双学名［属、种、亚种／变种与发现者（例如，linaeus）］：如可能，也应提供其他相关信息，例如栽培种名称与化学型。

植物来源详细情况（原产国家或地区，以及适用的话，种植、收获时间、采集规程、可能使用的杀虫剂、可能的放射性污染等）；

—使用植物的哪些部分；

如果使用干燥植物，应说明干燥系统；

对药材的性状及宏观和微观检查；

—合适的鉴别，如果适用的话，包括对已知的治疗活性成分或标记成分做鉴别。如果药材有被掺假／替换的可能，则要求有特异性强的鉴别（以区别掺假物或替代物）。应具备用于鉴别参考的真实样本；

—按照《欧洲药典》要求测定的药材的含水量。

—对已知药理活性成分或对标记成分（如果适用的话）进行含量分析；除非另有合理性论述，含量分析方法应适于可能的农药污染，并含有可接受限度，符合《欧洲药典》要求，如果《欧洲药典》没有规定，应使用经过恰当验证的方法；

—适当检测真菌和（或）微生物污染，包括黄曲霉、其他真菌毒素、虫害，并含有可接受限度；

—适当检查重金属及类似的污染物和掺假物；

—适当检查异物；

—按照《欧洲药典》关于药材总论或具体药材各论要求，附加适当的任何其他检测。任何用来降低真菌/微生物污染或其他虫害的处理均应文件化。应当有质量标准和规程，并包括详细的过程、检测和残留限度。

加工操作法

（9）加工操作应描述药材的不同操作，如清洗、干燥、粉碎、过筛，包括干燥时间和温度，以及用于控制碎片或颗粒大小的方法。

（10）应注意的是，应有书面操作法和记录，来确保每个容器中的药材经过细致检查，以检测是否存在掺假/替换，或存在异物，例如金属或玻璃屑、动物残骸或粪便、石头、沙子等，或腐烂与变质迹象。

（11）加工操作法也应描述安全筛分或除去异物的方法，以及在贮存合格的草本物质前或开始生产前，所需的植物物料清洗/挑选的适当规程。

（12）对于草药加工品的生产来说，操作法应包括提取用溶剂、提取时间与温度的详细内容，以及浓缩步骤和使用方法的详细内容。

质量控制

样品

（13）由于药用植物 / 药材本质的多样化，应当由专业人员谨慎取样。每批都应当使用专属于该批的文件进行鉴别。

（14）必须有植物物料的对照品，特别是在药材没有收载到《欧洲药典》或其他成员国药典的情况下，如果使用粉末，则需要未粉碎的植物物料样品。

（15）质量控制人员应当具有关于药材、草药加工品和（或）草药药品方面的专业知识和经验，以便能够进行鉴别试验，及识别掺假、真菌生长、虫害感染、同批交货的粗品物料不均匀等问题。

（16）药材、草药加工品与草药药品的鉴别与质量检验，应当按照相关现行的传统草药药品和草药药品质量标准欧盟指南执行，如果相关，按照《欧洲药典》特定的各论执行。

注释

ⅰ 除另外规定，本附录中，术语"草药药品 / 加工品"包括传统草药药品 / 加工品。

ⅱ 在第 2004/24/EC 号法令中所定义的术语"药材"与"草药加工品"分别等同于《欧洲药典》中的术语"草药"与"草药加工品"。

ⅲ 本表详细扩展了《欧盟 GMP 指南》第 2 部分表 1 中的草药章节。

ⅳ 由欧洲药品管理局（EMEA）发布。

第八章 | **熏蒸剂的应用**

状态	时间
草案经质量起草组同意	2006 年 6 月 13 日
草药委员会采纳，并发布征求意见	2006 年 7 月 12 日
征求意见结束（评论截止日）	2006 年 10 月 1 日
质量起草组重新讨论	2006 年 10 月 4 日
草药委员会最终采纳	2006 年 10 月 26 日

背景

草药药品的质量决定于起始植物物料的质量、中间过程控制、GMP 控制、过程验证以及贯穿于开发和生产所应用的技术参数等。

植物来源的产品质量一致性只能基于在对植物物料严格和详细定义下予以保证，尤其是需要对所使用的植物物料进行明确的植物学确认。而且重要的是需要明确地域来源和药材收获的条件，以便能够保证物料持续的质量状态。《植物源起始物料种植和采集质量管理规范》提供了关于植物物料栽培和收割适当质量保证体系的参考建议。

另外，根据欧洲药品法案，草药质量档案应强调潜在的污染，如微生物、微生物类产品、杀虫剂、有毒金属、放射性污染、熏蒸剂等。因此，熏蒸剂潜在的残留应进行充分的评估。

问题陈述

自 1989 年 12 月 31 日降低药材污染所使用的环氧乙烷被欧洲禁止。

另外，根据 1992 年的蒙特利尔议定书，由于生产企业和申请者常用的熏蒸剂溴甲烷是一种消耗臭氧的物质，因此它也逐渐在世界范围内退出。

因此，对于草药药品所使用的药材，生产企业和申请者需要考虑其他控制虫害的策略。

结论和建议

熏蒸剂的效力只能通过对植物物料、库房和生产厂房正确的管理加以实现和维持。应基于对所保护的植物物料风险评估来采取相应的策略，这需要适当的预防、监测和虫害控制等方法。

在选择其他策略时，应考虑以下几个方面。

（1）整体策略的效果，包括使用熏蒸剂的必要性。

（2）熏蒸剂的选择和采用的熏蒸时间。

（3）对所采用的熏蒸方法在物理化学、毒理学、生态环境特性等方面进行风险评估。

（4）尽可能减少对工人、消费者、环境和药材本身的风险。

（5）应对熏蒸剂残留采用适当的检测、限度、分析方法。

总之，建议应尽可能限制熏蒸剂的使用。熏蒸剂应该只有在被证实确实需要时才能使用。应由经培训的合适员工结合所使用熏蒸剂的特殊建议进行处理。

第九章 | 草药药品和传统草药药品稳定性检测的思考

状态	时间
草案经草药委员会质量起草组同意	2008 年 2 月
	2008 年 10 月
	2008 年 12 月
经草药委员会采纳并发布征求意见	2009 年 1 月 15 日
征求意见结束（讨论截止）	2009 年 5 月 15 日
经草药委员会质量起草组同意	2009 年 12 月
	2010 年 2 月
经草药委员会采纳	2010 年 3 月 11 日

关键词：草药委员会；草药药品；传统草药药品；药材；草药加工品；提取物；质量；稳定性。

1. 介绍（背景）

这篇思考文章强调建立草药药品（HMPs）稳定性特殊要求的必

要性。产品质量，包括稳定性，应予以保障并符合现行的相关要
求，具体要求在修订的 2001/83/EC 法令附录 1、修订的 2001/82/
EC 法令附录 1 以及现行的 EU/ICH 质量指南中陈述。欧洲药品管
理局委员会已发布了有关稳定性检测方面的一些指南，这些指南
主要集中在化学定义物质方面。鉴于草药药品复杂的自然属性，
委员会考虑进一步的指南以保证并强调这些产品的稳定性。这篇
文章的目的是考虑关于适用现行草药药品稳定性检测指南的相关
问题并在需要时提供其他指导。

2. 问题陈述

相比化学定义物质，评估草药药品的稳定性会带来很多的挑战。
尤其在以下几方面。

- 草药药品中的活性物质［药材和（或）草药加工品］包含复杂
  的成分，而且在许多情况下具有治疗效果的成分是未知的。

- 当某个药品中含有两个或两个以上的药材和（或）草药加工品
  时情况更加复杂。

- 在许多情况下草药药品为药材和（或）草药加工品复合物时，
  由于它们拥有相似成分，这甚至会带来更多的分析挑战。

- 另外，许多草药 / 草药加工品确定是不稳定的。

考虑到草药药品具有的这些特点，目前已建立了适当的质量概
念。作为药材、草药加工品和草药药品整个控制策略的一部分，
一系列的检测标准包含定性和定量参数已被认可作为质量指标。

关于稳定性测试，指纹图谱以及通过药材标记物建立的含量测定方法已在储存期质量标准中写明。尽管这种方法有可行性，在实际情况中通常会随之带来分析方面的问题和较高的成本。

总而言之，草药药品具有许多特性，这些特性明显不同于传统定义的药品，因此需要建立特殊的稳定性指导原则，这些原则应覆盖现行的草药药品特殊要求和稳定性通用指导原则中未强调之处。

3. 讨论

应强调在草药药品行业中建立稳定性指南原则的重要性，同样重要的还有何时应用简化的稳定性测试。为帮助申请者选择合适的稳定性方案，监管当局频繁提及关于这方面的问题。这些问题主要涉及传统草药药品注册方面，这些药品通常包含许多活性物质。尽管有许多情况需要加以具体特殊强调，一些案例也许有通用之处，也会提供关于草药药品稳定性通用指导的基础依据。

4. 结论

相关利益方已提供了关于草药加工品和草药药品稳定性方面的案例和评论。这些数据作为形成问与答指南的依据是被认可的。一些案例具有普遍性，而另一些案例则聚焦在特定问题上。关于稳定性方面的问题在《草药药品 / 传统草药药品质量方面的问与答》指南（EMA/HMPC/41500/2010）中已包含。需要时可以补充新的问题和回答。

第十章｜用于草药药品／传统草药药品的草药加工品生产中回收溶剂使用的思考

状态	时间
草案经草药委员会质量起草组同意	2013 年 10 月
草药委员会采纳	2013 年 12 月 12 日

关键词：草药药品；传统草药药品；药材；草药加工品；提取溶剂；回收溶剂；质量。

1. 简介

本篇文章关注药材提取生产过程中回收溶剂的使用，提取后的草药加工品用于草药药品／传统草药药品的生产。

本篇文章的目的是强调回收溶剂使用时需考虑的准则，回收溶剂主要用于提取过程或生产草药加工品的其他过程。同时对回收溶剂建立可接受标准确保对其有效控制并符合预定用途。

其目的在于帮助申请人在申报 HMPs/THMPs 时在文件中对该问题予以解答。

基于环境和安全因素考虑，在生产药品过程中使用的有机溶剂需要根据溶剂本身进行合理的回收和利用。从 GMP 角度回收溶剂用于同一生产工序或不同生产工序通常是可以被接受的（见以下讨论）。

然而，当这种情况发生在 HMPs/THMPs 生产过程中时，回收溶剂需要引起特殊关注，尤其是回收溶剂对提取物的质量影响。

现有的指南针对回收溶剂只提供了有限的指南。因此，辅助文献提供了从申请人到生产者甚至相似产品等很多内容。

2. 讨论

现行药用活性成分（原料药）GMP 指南提出了对原料药的基本要求，并且承认只要相关的注意事项经过审批程序那么回收溶剂是可以接受的，并且回收的物料需要达到符合预定用途的质量标准。

回收物料和溶剂

- 溶剂可以回收并用于相同或不同生产工序中，只要对回收过程加以监控以保证溶剂在重新使用前或与其他合格物料混合前达到适当的标准。

- 如果有足够的测试结果表明适用于生产过程，那么新鲜溶剂和回收溶剂可以混合使用。

• 回收溶剂、母液和其他回收物料的使用应进行充分的记录。

然而，当回收溶剂用于生产草药药品时，那么由于草药加工品复杂的自然属性，回收溶剂的使用需要引起特殊的关注。

大部分用于 HMPs/THMPs 的草药加工品为草药提取物，包括液体加工品（液体提取物和酊）、半固体加工品（软膏和油性树脂）以及固体加工品（干膏）。对于干膏来说溶剂在生产过程中已被去除只有部分残留物仍存在。然而，对于液体提取物来说，用于后续生产步骤的提取溶剂将作为草药加工品的一部分保留下来。用于软膏生产的溶剂一部分在生产中被去除。

有的时候一些提取物用水来提取，也有很多用有机溶剂，主要为醇提取的浸膏（乙醇、甲醇），丙酮和乙酸乙酯也可能会用到。在一些生产工艺中，会使用溶剂进行多次的提取，在某一个步骤中使用的有机溶剂进行回收并用于下个步骤。另外，在许多情况下，溶剂也会在药材初始脱脂工序中使用，例如，在纯化、精制阶段可能会用到二氯甲烷。

并无相关文件规定用于生产草药加工品的回收溶剂可以用到何种程度，但是很明确的是回收溶剂的质量是控制草药加工品质量以及保障批重现性的关键因素。新鲜溶剂和回收溶剂潜在的质量差异可能导致提取物中植物化学成分的显著不同，在某些时候甚至导致高水平的污染 / 杂质。

回收溶剂通常不用于液体提取物和酊剂的生产。《欧洲药典》认可用于提取过程的溶剂进行回收并使用，前提是要对回收过程进行监控以保障溶剂在重复使用前或和其他合格物料混合前满足适当的标准。

现行的指南关于回收溶剂的使用以及适用标准规定有限，使得申请人/生产企业这部分的辅助文件方面差异很大，甚至是相似品种也一样。

当回收溶剂用于草药加工品的生产时，以下几点需要进行强调。

（i）回收溶剂用于药材提取的可接受性

当回收溶剂用于药材提取时，回收溶剂最好来源于同一生产工艺中，而非提取自不同药材品种中。

当草药加工品为半固体（软膏）或液体加工品（液体提取物/酊剂），并且提取溶剂作为加工品的一部分没有被去除而被保留下来，那么应避免使用回收溶剂，除非有足够的证明以及采用合适的标准。

（ii）回收方法和回收阶段的适合性

混合废弃溶剂通常依靠蒸馏或精馏工艺分离。然而，很多情况下混合溶剂不能仅仅依靠蒸馏回收，单个溶剂必须依靠适当的技术来进行分离，例如在精馏之前进行膜过滤［渗透蒸发或有机溶剂纳米过滤（OSN）］。

共沸混合物在蒸馏过程中形成，因此回收程序必须要经过验证。当回收溶剂用于生产不同产品时，回收程序是很难进行验证的。

回收操作应详细描述，溶剂混合物的处理液应加以强调。任何改善回收溶剂质量的工艺（如精馏）应详细描述。溶剂回收的阶段，例如过程中或最后蒸发阶段也许会对采用的方法产生影响，也需要进行强调。

（iii）不同提取工艺回收溶剂池的可接受性

这就出现了从不同提取工艺中回收溶剂的混合，也就是不管回收溶剂的使用是否再用于它们原来的提取工序中。

当回收溶剂用于非原提取工序中时，潜在的交叉污染应予以强调，应有适当的验证数据支持其使用。通常溶剂用于不同的提取工序中时应严格限定在残留物未被确定或潜在的残留并未影响新提取物的成分，例如当回收溶剂以前用于处理后续混合物的单一成分，或拥有一个经验证的方法能够检测所有可能从前次提取中得到残留成分。

在某些情况下，应使用一些特殊规定，例如使用的溶剂在某个步骤去除那些有害的、潜在毒性成分，这种情况下可能不会允许回收溶剂与其他溶剂合并成池。

某些有挥发性或芳香成分的药材，例如大蒜、缬草属植物等，提取溶剂的再利用应限制在各自的药材成分加工中。

（iv）回收溶剂适当的控制

对用于药材提取的回收溶剂应采取适当的控制措施。从前次提取中的某些成分或杂质水平，包括潜在的污染如杀虫剂、熏蒸剂、霉菌毒素需要进行足够的控制，以使它们不会随时间累积或增加。

部分回收溶剂如从初始混合物中得来的乙醇或甲醇通常含有较多的水分，这些水分可能被共同蒸馏萃取时产生的杂质所污染。这些杂质无法仅通过炽热残渣检测进行足够的控制，因此需要有合适的方法来确定这些杂质的属性并加以控制。

应对回收溶剂采取合适的标准，检测方法和限度需要在文件中体现。所有检测方法应经过充分的验证。

当偏离新鲜溶剂质量标准时应提供批数据加以佐证。任何标准的差异应显示对溶剂的理化性质或者定性定量杂质分布图无不良影响。特别的，水分和挥发性化合物应加以强调。

3. 总结

当回收溶剂用于药材提取时，回收溶剂的质量应进行充分强调，它也许是影响草药加工品质量和批间一致性的关键因素。

在文件中应讨论并证实回收溶剂的再利用，应证明回收溶剂能达到符合预定用途的质量标准。

回收溶剂的方法应进行说明，并有证据显示对回收过程进行了监控以满足溶剂符合适当的标准。对回收溶剂应建立适当的可接受标准，任何偏离新鲜溶剂质量标准的情况应有合理的批数据充分佐证。

第十一章 | 被认为是草药加工品的提取物纯化水平的思考

状态	时间
草案经草药委员会质量起草组同意	2008 年 6 月
草药委员会讨论	2008 年 9 月
草药委员会发布征求意见	2008 年 11 月 6 日
征求意见截止	2009 年 4 月 15 日
第二草案经草药委员会质量起草组同意	2010 年 7 月
草药委员会采纳	2010 年 9 月 16 日

关键词：草药药品；传统草药药品；药材；草药加工品；提取物；草药委员会；质量。

1. 执行摘要

这篇思考文章适用于作为活性物质的提取物，这些提取物用于人用和兽用草药药品（HMPs）以及人用传统草药药品（THMPs）。

这篇思考文章的目的在于考虑不同提取物的纯化水平，并且提供标准来区分那些可能被认为是草药加工品和那些可被划分为独立的草药成分或草药成分纯化混合物。当然最终应如何界定需要根据不同情况具体评估。

其目的在于对不同草药提取物应使用何种指南文件提供明确方案，帮助申请者来识别最为适合的注册程序。

2. 介绍（背景）

修订的 2001/83/EC 法令提供了 HMPs、药材和草药加工品的定义。同样，该法令也适用于其他产品。另外为 THMPs 建立了额外的简易注册程序。

根据这些定义，所谓草药药品即为一种药品，它专门包含作为活性成分的一种或几种药材，或者一种或几种草药加工品，或者一种或几种药材与一种或几种草药加工品的复合物。

THMPs 也许会包含维生素和矿物质，前提是维生素和矿物质随着草药活性成分发挥其作用。

在植物提取和纯化过程中会获得很多的化学基团，现在已经澄清这样一个事实，即当产品中包含单独的化学确定成分（不管是否为自然成分还是合成来源）或包含有化学确定成分的混合物都不属于草药药品（HMPs）。

HMPs 有许多不同于那些包含单独化学确定活性物质药品的特征。因此已建立了针对 HMPs 的特定指南，这些指南涵盖了一般指南未强调的特殊方面。应注意的是药材和草药加工品作为自然成分混合物，共同构成了所谓的"活性物质"。这包含了那些可能经过自然转变的成分。

3. 问题陈述

草药加工品，其不仅包含通过一步提取获得的简单加工品，同时也包含纯化和浓缩物诸如精制提取物。当使用溶剂提取时会使最终萃取物中包含一些典型的成分组成。为安全考虑和（或）提高提取物的药理活性和质量，那些不需要的物质会在提取过程中去除。

对于标准化和量化型提取物，纯化步骤的目的是为了提高已知治疗活性成分或活性标记物的含量。这类提取物在《欧洲药典》中被称为精制加工品。

在一些情况下提取纯化到了极致，以至于会产生这样的疑问：这类加工品还会被认为是高度纯化的草药加工品么？或者是否应被看作一个独立的草药成分或与之密切相关的成分混合物？

在其他情况下，提取物也许已经过了分馏和（或）精制，之后混合形成最终加工品。

精制提取物有广泛的可能性，包含不同分馏物的混合。在许多情况下，分类是明确的，其纯化往往不会改变提取物作为"草药加工品"这一身份，即便精制和浓缩到极致，它们仍是草药加工品。

然而，存在一个既对于高度精制浓缩的提取物，同样也对于主要包含相关成分混合的提取物（相关成分指不符合药用物质一般质量指导原则）的灰色地带。

因此，应对临界点进行谨慎的评估以确保分类准确，便于建立合适的质量标准和规范管理。

这篇思考文章的目的在于考虑标准以区分可被认为是草药加工品的高纯化提取物和那些应被认为是一个独立的草药成分或相关草药成分混合物的其他加工品。

4. 讨论

每种药品的质量都独立于其使用目的，因此所有关于质量的一般原则和指南都适用于草药药品。

由于其复杂的自然属性，一些特定的草药指南提供了针对药材 / 草药加工品 / 草药药品应如何强调其质量问题的更多信息。

对于植物来源中的单一独立成分（如吗啡），应遵守化学确定活性物质一般指导原则。

草药药品中的活性物质包含含植物化学成分的复杂混合物。对许多药材和草药加工品，具有治疗效果的活性成分是未知的。另外，一些草药加工品既不知道其治疗活性物质，也不知道其活性标记物，这类草药加工品特征在于其生产过程和其质量标准。它们在《欧洲药典》中被描述为"其他"提取物。

精制提取物的目的在于降低问题成分或提高活性成分（标准提取物和具有《欧洲药典》参考标准的量化提取物）的含量。在精制过程中最终加工品的构成或多或少发生改变，但通常来讲精制提取物不再含有提纯前提取物中总的光谱成分。

不同的纯化步骤使得"总提取物"（自然多组分混合物）通过精制提取（包括密切相关成分混合物）最终成为"独立的单一成分"。不断提高总提取物的纯化水平将使活性成分越来越趋向于独立的化学确定物质。即便纯化水平不同于单一的化学实体，有时候自然伴随的草药基质也会完全去除。

尽管最终的评估是基于每个具体的情况，但应考虑到以下在特征化不同提取物时应评估的方面：精制水平、纯化水平（关于残留物）、纯化方法。

4. 精制水平

自身的药物提取比例和精制水平是定义加工品的重要因素，但它们不是确定其作为草药加工品本身的分类。精制和纯化中使用的方法也许更多会与其目的相关。

应值得注意的是即使对于一些化学确定活性物质而言，尤其是自然/生物来源的，并不适用不低于95%的纯度标准，除非有合理的理由（如抗生素）。

关于精制提取物，通常认为根据每个具体情况评估的临界点，要高于活性成分的70%。

（1）附随成分

对于草药药品，其总加工品被认为是"活性物质"，而所有来源于植物体成分（附随成分）被认为是活性物质的一部分并非杂质。然而，如果活性物质被界定为独立的化学确定成分，那么所有附随成分应被认为是杂质。

（2）提取/精制的方法

在提取过程或之后的精制过程也许会发生原始成分的化学修饰。提取中呈现有人工制品形式的物质不是罕见的，例如由于发酵、加热、水解作用等。

在生产过程中植物物料的原始成分自然发生变化是可以接受的，前提是它们处于持续控制中。

对于一些精制过程，其所采取的方法需要提供合适的理由。

（3）草药加工品分类举例

关于草药加工品的构成，以下内容可用于识别不同的分类。

①单独的成分（例如吗啡），也许需要这类物质的特征杂质分布建立，而且其纯度应被证实在化学物质通常可接受边缘范围内。

②通过特殊的处理过程得到的纯化成分混合物（例如作为钙盐的番泻苷析出物）。附随成分已被去除或其含量并不显著。

③从草药中提取的具有化学结构的化学确定物质混合物，也许很难分离（例如不包含 $N-$ 氧化物或第四级生物碱的生物碱片段、只包含皂苷的皂苷片段）。附随成分已被去除或其含量并不显著。

④从草药中提取的化学确定成分经部分纯化，例如85%，其余部

分为附随成分。

⑤独立的一类成分（例如总生物碱、总皂苷片段），这类成分具有其本身的可变特征，在混合物中对这类成分进行鉴别是可能的。

⑥标准提取物，具有一定含量的已知治疗活性成分（例如番泻苷），同时伴有附随产物。

⑦具有一定含量的作为活性标记物的量化提取物（例如量化贯叶连翘提取物），同时伴有附随产物。

⑧既非标准提取物，也非量化提取物，其活性成分需进行确定的提取物。

植物来源提取物也有可能是以上提及的分类中的多种类型（在附录 1 中有具体的例子）。

5. 结论

草药加工品的定义不仅包含经简单加工的提取物（所有植物提取成分的图谱均可呈现），同样也包含纯化 / 精制提取物（这类提取物也许会只含有相关草药成分混合物）。对于后者，所有植物成分的图谱也许将不再呈现，因为在纯化过程中特定的附随成分已经被去除。

在一些情况下提取纯化到了极致，以至于会产生这样的疑问：这类加工品还会被认为是高度纯化的草药加工品吗？是否应被看作是一个独立的草药成分或与之密切相关的成分混合物？因此在定义提取物为"草药加工品"时应考虑以下方面。

（1）定义应满足修订的 2001/83/EC 法令和《欧洲药典》。

（2）从植物中提取的复杂混合成分呈现在加工品中。

（3）加工品中各成分的含量比也许会由于其本身固有的变化性而导致每个批次间不同。

（4）加工品是相关成分的混合物，在其加工过程中会呈现其本身的变化性，但最终的混合物也许是标准化的或定量化的。

存在下列标准之一，可排除物料被定义为"草药加工品"。

（1）提取物处于化学处理过程中，其化学修饰也许相当于局部合成。这类加工品应具体评估。

（2）提取物含有大量的单独成分。

考虑到其他情况下（如生产过程），一些精制提取物只能进行评估。

附录 1

被认为草药加工品的例子

例 1

如根据《欧洲药典》水飞蓟果实的高浓度乙酸乙酯提取物（水飞蓟），特定包含 65% 的水飞蓟素，水飞蓟素的成分是可变的，可

包含 20%~45% 的水飞蓟丁和水飞蓟宁，40%~65% 的水飞蓟宾 A
和 B 以及 10%~20% 的异水飞蓟宾 A 和 B。提取物已被标准化，
通过以下进行含量检测：

水飞蓟素，用水飞蓟宾计算，其干浸膏中为 30%~65%

水飞蓟宾 A 和 B 的总含量，用水飞蓟宾计算应为总水飞蓟素的
40%~60%

水飞蓟丁和水飞蓟宁的总含量，用水飞蓟宾计算应为总水飞蓟素
的 10%~20%

例 2

锯棕榈提取物。这类加工品的特征有：

甲醇分解后含有自由不饱和脂肪酸和饱和脂肪酸，以及各自的甲
基乙酯、甲基甘油三酯，其用总衍生脂肪酸计算为含 85%~95%；
固醇类：0.2%~0.4%；长链醇类：0.15%~0.30%。

例 3

大豆醇提取物在提取后进行纯化处理（去除脂类，过滤，制备
柱）。这类提取物中（干浸膏）的异黄酮含量为 36%~44%。

例 4

大豆去油后富含的磷脂质，这类物质为大豆进行己烷提取、纯化

（例如过滤、脱胶、褪色、水合），再通过乙醇充分提取和硅胶柱吸附。最终得到的提取物用卵磷脂含量表现为73%~79%。加工品中的其他磷脂质：胆胺磷脂（最多为7%），肌醇磷脂（最多为0.5%）以及磷脂酸。

例5

黄芩经过水提后进行纯化（过滤、酸化、醇提）得到的黄酮类混合物提取物。这类提取物用黄芩苷含量表现应不少于75%。提取物中其他黄酮类有：黄芩素和次黄芩素。

例6

七叶皂苷是超过30种相关皂苷的混合物，其是马栗种子经甲醇提取并纯化（酸化、活性炭、结晶、乙醇中分解及干燥）。纯度为96%~103%。

不被认为草药加工品的例子

例7

通过使用甲磺酸对天然化合物进行化学处理得到的活性成分混合物，例如甲磺酸二氢麦角碱。

理由：这不属于草药加工品，原因是其化学处理相当于部分合成过程，因此应认定为化学确定活性成分混合物。

例 8

从番泻叶中得到的番泻苷钙。这类植物经过提取，其提取物经过蒸发和浓缩。干浸膏经过色谱分离或其他适当的纯化方法来分离得到精制后的提取物，即包含番泻苷。番泻苷经过钙盐溶解沉淀，并经干燥最终得到番泻苷钙混合物（番泻苷钙不低于 80%，即用番泻苷含量计算应不低于 60%）。

理由：这类加工品并不属于草药加工品，因为最终的番泻苷钙混合物不再具有附随产物，因此符合 exclusion 1 中的标准。

非典型个案

例 9 用通用的标准既不属于草药加工品也不属于纯物质，对生产过程也无更多的信息。

例 9

从姜黄中提取和纯化得到的姜黄素：其活性物质不是单一的化学确定成分，而是 3 种成分的混合物，这 3 种成分的比例在一定范围内变化。纯度为 95.0%~100.0% 的姜黄素用脱甲氧基姜黄素、双去甲氧基姜黄素和姜黄色素计算：

脱甲氧基姜黄素：15%~25%，

双去甲氧基姜黄素：2.5%~6.5%；

姜黄色素：70%~80%；

第十二章 | 用于草药药品和传统草药药品定量和定性分析的指标的思考

1. 执行概要

本思考文章可适用于草药药品以定量和定性分析为控制目的的标记物。草药药品的质量应按照现有指导原则 Annex I of Directive 2001/83/EC（即修订版 Annex I of Directive 2001/82/EC 和现行修订版 EU/ICH 质量方针）得以保证和证明。针对特定和复杂的草药药品的性质，标记可以提供一个选项来确保和证明这些产品质量的均一性和稳定性。本思考文章的目的是考虑与标记相关的问题，并提出选择标记物需要考虑的标准。

2. 介绍（背景）

草药药品的活性物质［药材和（或）草药加工品］由复杂植物化学成分混合物构成。存在两个或两个以上的药材和（或）草药加工品复合而成的草药药品会使情况变得更加复杂。有限数量的药材和草药加工品具有公认的较大效力的治疗活性。它们被定义为"已知的治疗活性成分"。然而，对于大多数药材和草药加工品的治疗活性我们是不清楚的。在某些情况下，某些成分或成分组可能被公认为具有治疗活性但不直接导致完整的治疗效果。这些成分或成分组用于控制目的，定义为"活性标记物"。标记分析是用于成分或成分组分析的唯一目的。

按照《欧洲草药质量指导原则》（见第 5 节"引用"），草药药品含有"已知治疗活性"的药材和（或）草药加工品，那么这些成分应可用于鉴别和定量测定。如已知治疗活性的成分不存在，则标记物应该用于草药药品的鉴别和量化。《欧洲药典》中药材、草药加工品在中药领域需要在适用的地方考虑。

3. 问题陈述

目前只有有限的与标记物相关的选择和质量要求指导。因此，标记物的选择和质量文件的提供因申请人／制造商之间的不同而不同，即使是非常相似的产品。

已确定以下问题：

药材的特征或特征成分可以很低的含量，这并不总是明确的；

标记物的化学定义会是不稳定或困难的；

标记物并不总是单一的化合物；

所推荐的标记物可能并不是草药的特征物质；

药材的标记物特征并不总是可商购的；

药材的标记物特征可能不适合作为一个标记的草药加工品或成品（如根据在生产过程或由于屏蔽其他组件的产品损失）。这就需要选择另一个标记物。

4. 结论

依据草药药品特定和复杂的性质，标记物可以提供一个选项来保证及证实这些产品的质量。然而，在这个特定的范畴由于有限的指导，存在以下原则应该尽量考虑。

选择标记物应该是合理的。

标记物应该适合其预期使用的目的（如鉴别、量化、分析控制、稳定性）。

标记物应该连接生产过程和质量控制措施的各步骤。

标记物用于定性和定量的目的。标记物提供了草药产品活性成分（草药成分）和（或）草药制备物的重要链接工具，而不考虑其是否具有某种的治疗活性。一般来说，相同的标记应用于从药材到成品的生命周期结束。特殊情况下需要作以调整。某标记限定范围应是特定和合理的。

由于药材或草药加工品总体上被看成活性成分，只确定标记物的稳定性是不够的。存在于草药成分或草药制备物的其他成分的稳定性，也应尽可能确证（如使用适当的指纹色谱图）。应该证明其内容仍然是可比较的最初的指纹图谱。

为定量分析应考虑以下步骤：

如果存在已知治疗活性成分，则需要定量确定。

如果治疗活性成分不清楚，但活性标记物已知除非另有其他合理的选择，该活性标记物应被选为定量分析使用。

如果主要治疗活性成分或一个活性标记物的选择不能进行定量分析，分析标记物应切记以下原则进行选择：

①应优先考虑所选择标记物能够特定分析其活性成分。

②标记物应该可以用来计算成品（草药药品）活性成分的量（药材或草药加工品）。

③定量分析标记的选择应可对成品每个活性成分进行定量分析。

对于复方产品，如果不可能选择一个单独的标记对于每个活性物质进行分析，则可能需要采用进行联合分析方法。

一个合适的标记物是一个或一组成分。

定性分析应考虑以下步骤：

鉴别的标记选择应是合理的。

一个合适的标记物是一个或一组成分。

5. 引用［科学和（或）法律］

《指导规范：草药物质的测试程序和验收标准、草药制备物和草药产品 / 传统草药产品》（现行版本 CPMP/QWP/2820/00，EMEA/CVMP/815/00）。

《草药药品 / 传统草药药品质量指南》（现行版本 CPMP / QWP / 2819/00,EMEA / CVMP / 814/00）。

《结合中草药的产品 / 传统草药产品质量指南》（EMEA / HMPC CHMP / CVMP / 214869/2006）。

术语

已知治疗活性的成分：是化学定义上的物质或多种物质，通常被认为对药材、草药加工品或草药药品治疗活性具有显著作用。

药物提取比例（DER）：代表草药加工品生产过程中所使用的药材量与得到的草药加工品的量的比例。在比号前的数字代表药材相对数量，比号后的数字代表得到的草药加工品的相对数量。

提取物：从植物或动物物质中获得的液体（液体提取物和酊剂）、半固体（软提取物和油性树脂）或固体（干提取物）加工品（通常是干燥状态）。

提取溶剂：在提取过程中所使用的溶剂。

纯（天然）草药加工品：指未添加任何辅料的加工品，即便由于技术原因纯草药加工品无法得到。然而，对于软的或液体草药加工品而言纯草药加工品也许会包含一定量的提取溶剂。

草药药品：一种药用产品，只包含一种或多种药材，或者一种或多种草药加工品，或一种或多种药材结合成一种或多种草药加工品（注：在我国为中成药制剂）。

药材：完整的、分割或切割的植物、植物部位、藻类、真菌类、未加工的苔藓，其通常是干燥的状态，但有时也会是新鲜状态。一些未进行特殊的处理渗出液也可认为是药材。

草药加工品：将药材进行处理如提取、蒸馏、压榨、分馏、提纯、浓缩或者发酵后得到的物质。包含经切割或粉碎的药材、酊剂、提取物、精油、压榨汁以及处理后的渗出液。

杂质：①药材中的任何组分，其并不被定义为药材。②草药加工品或草药药品中的任何组分，其并不被定义为药材/加工品，也不被定义为草药加工品/草药药品中的辅料。

中间过程控制：在生产过程中为了监测和调节工艺（如果可能），和（或）为了确保中间体或原料药符合其规格标准而进行的检验。

标记物：一种用于控制目的药材、草药加工品或草药药品中的成分或多种成分，不管它们是否具有治疗活性。如果标记物已在药材或草药加工品中被量化，那么标记物就可用于计算草药药品中药材或草药加工品的量。

有两类标记物：

　活性标记物：通常被认为具有治疗活性的成分或多种成分。

分析标记物：用于分析目的的成分或多种成分。

定量：指调整药材或草药加工品到确定的范围（活性标记物），通过混合不同批次的药材和（或）草药加工品来实现（例如量化提取物）。

量化提取物：调整到确定范围的成分（活性标记物）的提取物。

药材与纯草药加工品比值（DER$_纯$）：是指药材与得到的纯草药加工品的比值。比号前的数量为药材相对数量；比号后的数量为得到的相对纯草药加工品数量。

精制提取：按着纯化工序进行标准化或量化提取，可增加可萃取物典型特征成分的比例，同时借助已知的溶剂萃取的方法确定所期望的值。

标准化或量化提取物的纯化工艺。通过使用特定的溶剂，可以增加特征成分在预期的可萃取物中的比例。

精炼：量化或标准化提取物的纯化方法，使用已知溶剂可增加特征成分在预期可获得的药物或治疗活性萃取物中的比例。

质量标准：一系列的检验、有关的分析程序和合适的可接受标准，可以是数值的限度、范围或所述测试项目的其他标准。应建立符合草药加工品/药材或草药药品预期用途的一套标准。"符合质量标准"表示草药加工品/药材和（或）草药药品按照所列的分析规程检验，符合所列的可接受标准。标准是指政府监管机构和申请人之间达成的具有约束力的质量标准。

标准化：通过添加辅料或混合草药成分和（或）草药加工品批次调整草药成分/加工品使已知治疗活性的一种成分或一组成分达到规定含量（如标准化提取物）。

标准化提取物：将含有已知治疗活性成分的提取物调整到一个可接受的容限内。

传统草药药品：指符合修订版 Directive 2001/83/EC 第 16a (1)条的人用的医药产品。

不明杂质：只能通过定性分析其属性的杂质（如色谱保留时间）。

验证：为某一特定的工艺、方法或系统能够持续地产生符合既定接受标准的结果提供充分保证的文件程序。

沈阳药科大学国际食品药品政策与法律研究中心简介

2016年7月沈阳药科大学国际食品药品政策与法律研究中心经校长办公会批准成立，杨悦教授担任中心主任。中心秉承"前瞻性、前沿性和国际化"理念，杨悦担任中心主任以来，率领中心教师和研究生团队，在政策研究领域开拓耕耘，取得丰富的研究成果。共承接政府部门、企业课题13项。

上海东富龙科技股份有限公司上海东富龙科技股份有限公司（Shanghai Tofflon Sci &Tech Co.,Ltd. 股票代码 SZ:300171，是一家以医用冻干机及冻干系统的研发、设计、生产、销售和服务为一体的高新技术企业）在中心设立"东富龙—沈药"政策研究基金，用于国际药物、医疗器械等前沿政策法规、指南研究。

中心主办 5 次大型学术会议，协办 2 次大型学术研讨会，"药品管理法修订重点制度设计高端论坛暨中心成立大会""药物创新激励法律制度研讨会""药品上市许可持有人制度高级研讨会""药品专利链接与专利期补偿制度研讨会"，国家食品药品监督管理局总局、卫计委、工信部、国家知识产权局等政府部门领导、外企、国内企业等共计 600 余人参会。中心共举办 24 次课题会议和专家会议。

杨悦教授于 2015 年创建微信公众号"国际药政通"至今共发文 615 篇，关注人数 11435 人，总阅读量 557,849，运营质量超过 90.83% 的同类公众号。